绽放

女性职场修炼手册

BLOOMING

A GUIDE BOOK TO WOMEN'S LEADERSHIP

[荷] 玛尔亚·瓦赫纳尔/著
陆夏/译

·北京·
国家行政管理出版社

图书在版编目（CIP）数据

绽放：女性职场修炼手册 /（荷）玛尔亚·瓦赫纳尔著；陆夏译 . —北京：国家行政管理出版社，2020. 7

ISBN 978-7-5150-2470-7

Ⅰ . ①绽… Ⅱ . ①玛… ②陆… Ⅲ . ①女性—成功心理—通俗读物 Ⅳ . ① B848.4-49

中国版本图书馆 CIP 数据核字（2020）第 104893 号

京权图字：01-2019-0358

书　　名　绽放——女性职场修炼手册
ZHANFANG—NVXING ZHICHANG
XIULIAN SHOUCE

作　　者　（荷）玛尔亚·瓦赫纳尔（Marja Wagenaar）

译　　者　陆　夏

责任编辑　王　莹

出版发行　国家行政管理出版社
（北京市海淀区长春桥路 6 号，100089）

综 合 办　（010）68928903

发 行 部　（010）68928738　68928870

经　　销　新华书店

印　　刷　中煤（北京）印务有限公司

版　　次　2020 年 7 月北京第 1 版

印　　次　2020 年 7 月北京第 1 次印刷

开　　本　145 毫米 ×210 毫米　1/32

印　　张　7.5

字　　数　140 千字

定　　价　42.00 元

本书如有印装问题，可联系调换，联系电话：（010）68929022

致塔玛尔（Tamar）与谢拉（Serra）

推荐序

改变游戏规则的人，下一个会不会是你？

今天的中国，女性境况有了很大的不同和改善，我们站在了从前女性的肩膀上，享受着她们争取奋斗而来的平等机会；我们接受着良好的教育，和男性一样进入职场。但相比于依然存在的女性问题，这些只是干涸土地上落下的一滴雨。

中国女性由于传统教育、社会价值观、道德标准等的影响，即使受过高等教育，仍然要面对庞大的社会和家庭影响力对实现自我的一些限制。

放眼望去，在中国的官员中、在中国的企业高层管理人员中，还是很少能看到女性的身影。另外，相当一部分接受过良好教育的女性，在结婚生子后还是选择离开职场，或者在职场的晋升之路上，遇到外在天花板止步不前。

女性为什么不能成为领导者呢？是不能，还是不愿意？

这些影响因素是外界造成的，还是也有女性本身内在的主观原因？

在中国，我们广大女性被灌输更多的是follow，而不是lean in，不是make a difference，我们被教育要懂事、听话、顺从、贤良，不被鼓励太有“野心”、太有想法、太有看法、太能说会道了！所以中国女性的潜能就这样被压制，我们因此错失了太多职场和人生的重要机会。

这些价值观和传统教育的影响是根深蒂固的，女性天然对自己持有一种保守的态度，反映在职场中就是很多女性不愿意主动参与到职场竞争中来，不愿主动发起变革，她们认为只要认真做好手头的工作，完成业绩指标就可以了。女性不习惯为自己的诉求提出申请，通常也发现为自己提诉求比别人更难。但如果不主动提，就得不到。这也就是为什么高层管理者中女性身影少，以及为什么在工作中男女同工却不同酬的现象非常普遍。

当男性参与竞选，用魅力征服选民的时候，女性却往往会忽视个人魅力的作用，甚至会认为使用个人魅力助推工作进展或者帮助个人晋升是一种负面的形象，会被说三道四。

我见过很多努力的、优秀的职场女性，她们是很封闭的，没有利用一切可能的机会让周围的人更好地了解她们，从不主动营销自己，甚至是不屑和排斥，所以职场路越来越窄。本书作者对此的看法是：“成功的前提是你本人的价值和工作成绩被大家看到”。

其实女性面对这些困境是有方法可寻的，玛尔亚通过这本书，针对她多年从事领导力培训和咨询中看到的各种女性职场问题，给出了切实可行的解决方案。她提出了对半法（the 50/50 method），鼓励女性从只注重努力工作、不注重自我营销的被动局面走出来，让女性在为企业工作时的付出和回报更加平衡。

女性被社会观念、道德标准“绑架”的程度比男性更甚，也以此作为不勇敢的理由，就像蜗牛一样背着重重的壳，夹杂着各种道德观念的束缚，在职场中艰难前行。希望我们不要被束缚在“女性”的角色里，可以同男性一样，为想要的职位或成就去进取，向上搏、向内观、向外求。

Women Think Tank 女性智囊团

首席品牌官　王沛

2020 年 6 月

序

世界上大约50%的人口是女性。

然而，

只有5%的财富500强公司的CEO是女性；

在财富100强公司中，只有7%的董事会成员是女性。

这可跟这个时代不符。

女性领导力常常被低估，这也是一个不太受关注的话题。研究表明，女性领导者往往比男性领导者更具变革能力。她们在社会中扮演着榜样的角色，激励团队，并投入大量时间指导团队。女性领导者强调团队合作和真诚透明的沟通。

投资女性不仅是正确的，也是明智的。女企业家、员工和领导人都为脱贫、经济增长和社会可持续发展作出了贡献。因此，性别平等有利于经济增长和社会进步。这是“聪明的经济学”。

年轻一代的女性精力充沛，她们积极地去创造自己的生活并获得成功。这在一定程度上是得益于培训机会和父母为孩子的发展所作的投资。作为三个女儿的骄傲父亲，我感到有责任帮助她们在个人和职业上得到发展，使她们能够成为真正的自己，而不受我们社会中根深蒂固的偏见的影响。

在我 30 多年的外交官工作经历中，我几乎在所有的大洲工作过（除了南极洲）。我个人体会到，女性领导可以发挥作用。我曾与之共事的女性高管都很努力，而且必须努力才能达到这样的职位。如果没有这样的努力，对她们自己和别人都会是一种损失。

在这本书中，我的同胞 Marja Wagenaar 令人信服地解释了女性如何在工作中做得更好。她还描述了你如何在一个组织中成功地发挥领导作用。她的理念和操作方法是普遍适用的。这就是为什么我特别欢迎这本书现在也在中国出版，因为有领导抱负的中国女性值得关注这本思路清晰、论述有力的书。

荷兰王国驻华特命全权大使

贺伟民

2020 年 6 月

Preface

About 50% of the world' s population is female.
Only 5% of Fortune 500 CEO' s is female.
And only 7% of the Board Members of Fortune 100 companies is female.
It is high time for a change.

Female leadership is often underestimated and has been given too little attention. Research shows that female leaders are often more transformational than male leaders. They are role models, a source of inspiration to their teams and to society, and spend much time on coaching their team members. Female leaders strongly emphasize teamwork and authentic communication.

Investing in women is not only the right thing to do, it is also smart. Women entrepreneurs, employees and leaders all contribute to poverty reduction, economic growth and sustainable societies. Gender equality is therefore good for growth. It is "smart economics".

Women of the younger generations have plenty of energy. They are strongly motivated to pursue their own life goals and be successful in what they do. This is partly supported by opportunities in education and investments parents make for the development of their children. As the proud father of three daughters, I feel the responsibility to help them develop personally and professionally, so they can become who they are, unaffected by archaic yet deeply ingrained prejudices in our societies.

Working as a diplomat for more than thirty years and on almost all continents - only Antarctica is missing - I have personally experienced that female leadership can make a great difference. The female executives I have worked with, were dedicated to continuously developing themselves and worked hard to obtain those higher positions. And fortunately they did that, because without all those efforts they would have failed themselves and others.

In this book Dutch writer Marja Wagenaar convincingly explains what women can do themselves to realize higher positions in their work. She also describes how you can successfully fulfill a leadership role within an organization. Her principles and practical guidelines are universally applicable. That is why I particularly welcome the publication of this book in China, because Chinese women with leadership ambitions deserve to take note of this clear and powerful book.

Wim Geerts

Ambassador of the Netherlands to China

Beijing, June 2020

致中国读者

亲爱的中国读者：

我曾几次到访中国。在旅行期间，我深深地爱上了这个国家。行走中国，随处可见蓬勃的生机和向上的能量。在北京、上海、西安、成都、杭州、广州这样的城市，我不但体会到了中国的历史，而且更加感受到了未来的无限可能。这种正能量来自于中国人民，感染力强又鼓舞人心。我来自荷兰——一个热情的欧洲国家，这样热烈的正能量吸引了我，也使我第一次急切地盼望把这本书带给中国读者，特别是中国广大的女性读者。

中国积极向上的能量在其惊人的经济发展速度上已经有所体现。数百万人为经济的高速增长作出了积极的贡献，这其中就包括无数的有才华的女性。女性对于中国创造美好未来至关重要。对广大女性来说，如果你能对自己未来的职业发展有所投入、有所预期，那么对于社会、对于国家的贡献也会更容易找到切入点。因此，女性必须学习如何让自己在职场“绽放”。

只要你有当“领头羊”的“野心”，这本书就绝对适合你。无论是你现在已经处在领导岗位还是将来打算向领导岗位发展，也无论你现在是职场“小白”还是行业精英，这本书中的内容都能对你有所帮助。不断学习是一个成功领导者的必备素质。

作为一名领导力培训师，我接触过来自世界各地的职业女性。她们在日常工作中普遍会遇到某些问题。这些问题针对女性产生，对包括我在内的所有女性都是一种挑战。借助我在书中提到的理论，你能找到解决问题的方法，能对未来的发展有完整的规划，更能 100% 体会一种成功而又充满能量的职业生涯。

很高兴，这次可以与国家行政管理出版社合作，将本书带给广大的中国女性。下次再到访中国时，我真心希望能更加强烈地感受你们积极向上的正能量。

Marja Wagenaar

玛尔亚 · 瓦赫纳尔

前 言

说到工作，我们面对新情况时总是缺乏安全感。请相信，大家都有这种感觉，我也一样。我们习惯于稳妥的舒适圈，服从安排听指挥，以企业利益为重。在那些向我咨询的女性身上，无论她们年纪大小或者职场经验多少，都经常能看到“乖乖女”的影子。虽然对于有些女性来说这种情况只是个别现象，但对于大多数女性来讲，这种情况常年发生，甚至情节惊人地相似——她们觉得辛苦工作没有得到应有的认可，但即使这样，还是要继续努力——这就是她们工作不开心的原因。

女性通常为企业比为自己工作卖力得多。她们似乎想当然地认为，只要工作足够努力，事业自然能取得成功。然而对大多数女性来说，仅仅通过努力工作就想实现事业的进步是远远不够的。这样的事实虽然有些让人意想不到，但是让别人看到你的成功确实是前进道路上的必经之路。

如今就业市场的变化非常快，要始终保持努力奋斗。稳定的工作已经不存在了，很少有人会在同一家企业干到底，五年左右换一次工作很常见。同时，随着企业更新换代的速度加快，新的企业如雨后春笋般涌现，提供着全新的产品和服务。15年前谁能相信我们可以实现网购服装呢？伴随着企业的转型，雇佣关系也发生了改变。有时你是领薪水的员工，有时你是独立的合同签约方，如果不能及时适应职场的变化和新要求，最后就只能被淘汰出局了。一旦选择了做职场的“乖乖女”，最好的情况也只是原地踏步，甚至还要被甩在后面。这时除了改变自己，你没有其他出路。

对半法（the 50/50 method），是我观察前来咨询的男女客户不同的工作方式后，结合与女性客户的交流内容和个人经验，总结出来的一套方法。我一直想通过一种直接的方式来弄清女性忽视自我的后果，然后制定出简单易行的解决方案。于是我从画箭头入手，用这些箭头设计图表演示，客户感觉很有收获。这些成果都收录在这本以对半法为主题的新书中。本书描绘了女性从职场菜鸟到获得理想工作这一完整的职业周期。

对半法易于操作，它能帮助女性扭转只重视努力工作，不重视自我营销的被动局面，使女性在为企业工作时的付出和回报更加平衡。运用对半法，女性可以实现为企业和为个人付出同等的努力，不仅使结果的可预见性增加、成功的概率增大，而且使女性个人的发展空间扩大了，同时前进的步伐也加快了。运用对半法会帮助你的职业生涯走向辉煌。

the 50/50 method

the 50/50 method

第1章

对半法

（the 50/50 method）

the
50/50
method

TIPS

- 千万不要再做“乖乖女”。“乖乖女”难以得到晋升的机会。
- 想要工作成功，就采用对半法。
- 不要只为企业付出，不为个人努力。这只会让你止步不前。
- 确保为企业和个人分别投入50%的时间和精力，这才是稳妥的平衡。
- 当心短期陷阱。这些只会导致不实的满足感。
- 为职业提升制订个人规划，并在实际工作中运用对半法。
- 每3个月在对半法衡量表上给自己打分。当你看到自己有很大进步时，就会产生巨大的动力。

对半法（the 50/50 method），就是同时照顾到企业和个人双方面的利益。这就是对半法的主要内容。取得成功需要自身努力。对半法可以帮助你为企业发展和个人职业发展投入相同的时间与精力。运用对半法，再加上一份个人计划，你便能轻松实现职业发展目标。

不要做“乖乖女”

“对半法”一词说得很明确：你对工作的付出和回报必须要平衡。付出过多或者回报过少，都会很快造成对工作的不满。当然我们知道，总是有些人不劳而获，他们只考虑自己，忽视企业和同事的利益。这些人确实让人气愤，当然我们也不想和他们同流合污。好啦，放心吧，根本不用担心，女性大多数不属于这类人，而是“付出者”。因此，对大多数女性来说，追求付出和收获的平衡显得更有价值，而对半法就是实现途径。对半法有四个阶段：停滞、平衡、短期陷阱以及制订个人规划。达到第四阶段，个人事业上的成功自然而然就来了。

第一阶段：停滞

我在演讲和培训期间经常提问图 1-1 的描述有什么问题。大多数人第一眼看到它时都是一头雾水，因为似乎一切都很合乎逻辑。

图 1-1　停滞

其实，这张图说明这位员工除了按部就班外一事无成。她一直尽力做一名温顺的员工，为企业发展付出了全部的时间、精力，工作格外卖力，却从没思考过个人前途，天真地认为付出终有回报。但事实恰恰相反，这种坐等观望的态度通常无法得到预期的认可、加薪和升职，最后自己的事业反而被搁置了。她开始感到不满，于是试图通过更努力工作、投入更多的时间和精力去改变现状，希望最后有人注意到这份努力。

举个例子：罗宾是一家电信公司投诉部门的主管，日复一日辛苦工作。她为了确保每一例投诉都得到妥善处理，让客户满意，经常加班加点。她的老板以为一切进展顺利，却不了解这其中的细节。罗宾还以为老板知晓一切，就没有向老板汇报，而且她还以为老板明白她想管理一个更大的部门，毕竟当前部门一切进展得非常顺利。

第二阶段：平衡

与其坐等观望，不如换种方式。可以问问企业能为自己做什么，而不是一门心思想着你能为企业做什么。比如，你可以举个手吸引别人的注意，或者和老板谈谈你在企业里的前景。

这一阶段，罗宾决定主动向老板递交月度工作报告，表明她处理的投诉案件越来越多，告诉老板经她努力挽留住的客户比例以及加班的时长。这些都让罗宾的工作清晰明了。她还提请个人加薪，并增加两名帮手以减轻她的一些负担。

从举手开始，你就朝平衡的目标迈出了第一步。在这个阶段，你在促进企业和个人发展方面各付出 50% 的时间和精力。

详见图 1–2。

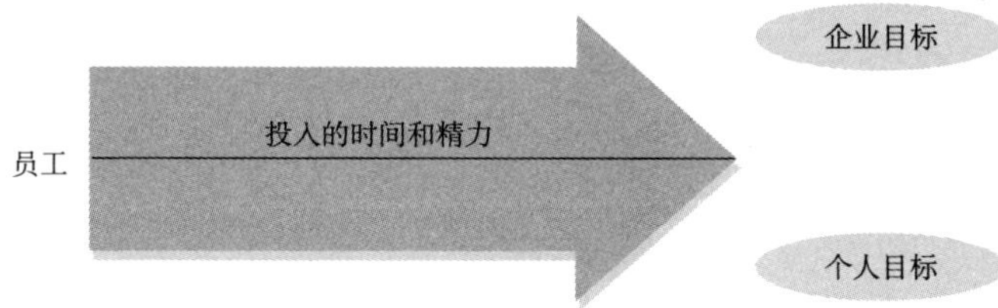

图 1–2　平衡

当付出和回报处于平衡的时候，你就达到了最佳状态。对员工而言，你从工作中获得更大的满足感，并且也为个人职业的未来发展付出了努力；对老板而言，员工积极主动，乐于工作。这样，由于你为企业、为个人付出了同等努力，成功的几率就大大增加了。

第三阶段：短期陷阱

你可能认为已实现适当的平衡，但有个干扰项：也许你当前已处于平衡状态，但事实证明，这种平衡是短期的，随后即将步入一个短期陷阱。

享受工作，并且身边有一群优秀的同事。这是短期陷阱的表现之一。当然拥有很棒的同事本身是好事，能让工作更加愉快。但是享受工作状态和享受工作本身是两码事。尤其是一段时间后，优秀的同事更加进步，而你却止步不前。

利益诱惑。短期陷阱的表现之二就是利益诱惑：包括高收入、高奖金、舒适的差旅机会，甚至是弹性的工作时间等。

认同感。短期陷阱的表现之三就是认同感。老板个人似乎重视你，让你参与许多事情，重视你的付出，甚至允许你做一些其他的工作。但这些对于企业整体来说没有意义，也不能保证对你长期发展有何积极作用。

被需要感。短期陷阱的表现之四就是被需要感，尤其是人们经常说你是多么的不可或缺。当然，这只是恭维你的话，让你觉得自己的付出就算对企业发展就算不是最重要，也是非常重要的。你日复一日地为企业付出全部，换来的只不过是这样一种感觉。

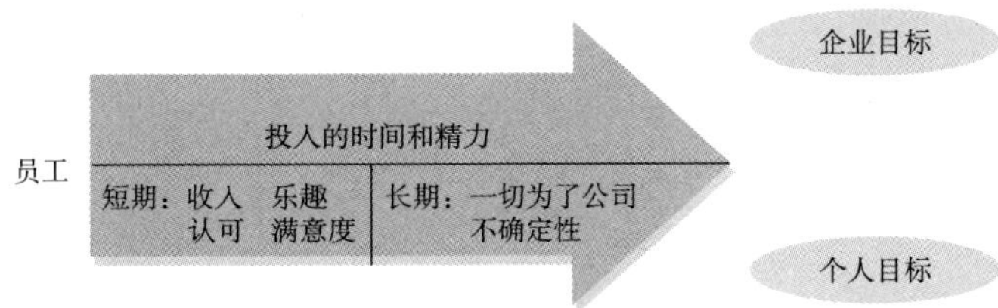

图 1–3　短期陷阱

图 1–3 表明，追求短期满足虽然很容易，但是从长远来看，你仍专注于企业而非个人发展。选择这条路可能来自你对自己长期职业发展可能性的恐惧和不确定，甚至是懒惰。但实际上，这些都是来自你对自身能力的低估，最后会把你带入死胡同。

第四阶段：个人计划

以上这些短期陷阱是可以避开的，这就是为什么你需要以职业发展为中心好好规划未来，其中包括为下一步做准备之类的问题。当你担任新角色时，通常需要制订一个工作计划用以过渡现在负责的这部分工作。这个计划中应包括短期目标和长期目标。如果你想让自己进步，就必须为个人目标及其实现方式制订相匹配的计划。这有助于你在职业上取得成功。短期和长期目标都是如此。详见图 1–4。

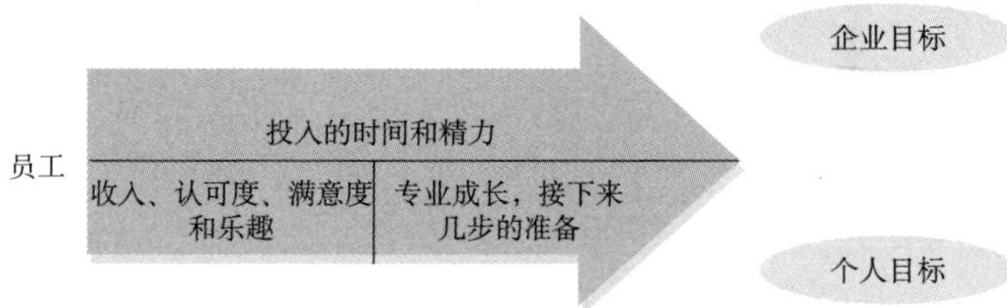

图 1–4　制订个人规划

制订个人规划

这里有一种非常明智的做法：同时制订个人和企业计划，并将二者统称为工作规划。二者能以积极的方式相互影响：你可以利用企业目标实现个人发展，反之亦然。这样，你既达成了个人目标，也为企业带来了积极影响。

应当积极学习，通过培训班、商学院或其他可能的机构的课程来帮助实现个人目标。许多企业都为员工个人发展安排了预算，设计了相应的培训项目。请记住，这种方法能为你和企业谋求双赢。我再强调一下：这种情况下，企业发现一个目标极其明确的人，一定会予以重用。

练习：制订个人规划

为你的个人规划设定 5 个短期目标（1 年），为职业规划设定 5 个长期目标（5 年）。然后写下如何实现（方法），何时实现（一定要具体到日期），并附上详细计划。

	目标	方法	实现日期	计划
短期目标（1 年）				
长期目标（5 年）				

重要的是，内容务必明确且具体。毕竟，目标是要实现的，不能只是愿望。要像承诺实现业务目标一

样承诺你的个人目标，工作再忙也要保证双向发展。一方面，能否实现工作目标，决定了你能否比别人显得优秀；另一方面，能否实现个人目标，挑战在于你能否投入足够的时间和精力。

> 回到罗宾这个例子上。之前，老板通过月度报告更加了解了她的工作，并给她加薪及增派帮手。但这也让罗宾陷入了短期陷阱。跳过短期陷阱后，她现在开始专注于个人规划。罗宾尽力使目前的工作更愉快。来看看她个人规划中的两个目标：长期目标之一是负责一个大型市场部门。为了实现这个目标，罗宾要学习一门营销课，这是她长期以来一直想做的事情。长期目标之二是向整个董事会（不仅仅是老板）发送季度报告，这样她的工作和结果就能在董事会上展现。这一做法会让更多人了解她的工作，可能会帮助她得到晋升的机会。

本书中提到的对半法完全适用于工作中执行个人规划，会帮助你达到平衡的状态，处理职业生涯中的各类问题和情况。这个范围很广，从应付新工作的前 100 天遇到的状况，到处理企业的不成文规定，甚至是培养领导能力、技巧，对半法都能帮助你构建一套职场垂直的体系结构，从而找到最心仪的岗位。

你的对半法执行得怎样?

开始前，切实反思。此时此刻的对半法做得怎么样?

练习：你的对半法实现情况如何?

标出时间与精力的实际分配比例。

对半法衡量表（企业 / 个人）

	0/100	20/80	40/60	60/40	80/20	100/0
第 1 次						
第 2 次						
第 3 次						

每 3 个月填写一次衡量表。庆祝每一次进步。也可以和朋友、同事一起填写。相互评价会既实用又有趣。

第2章

选择新工作

the
50/50
method

TIPS

- 求职时，选择企业文化真正适合自己的工作。
- 评估你选择的企业非常重要，但评估企业给你的职位同样非常关键。
- 新工作固然重要，但有的东西不能妥协。
- 如果必须要妥协，就要明确了解妥协的内容。要不断提醒自己，这是一种自我选择的妥协。
- 作选择时，要仔细权衡新工作的利弊。有利因素的重要程度应远远大于不利因素。

好的开始是成功的一半，错过了就很难再有第二次机会。履任新职之前，要好好做一番准备，用心考虑工作的内容和感兴趣的那家企业是否真的适合你。工作氛围也必须与你相契合。事先全面透彻地评估有利和不利条件，能避免大量的后续问题。如果这个职位确实适合你，你成功的机会就会大大增加。

寻找合适的企业文化

每个企业都有其心照不宣的规则，大家都会默认执行，这就是企业文化。企业文化决定员工处理问题及履行职务的方式。比如，是所有员工都在16：45时关掉电脑，准时下班呢？还是大家做完工作才能下班，甚至还要通宵加班呢？

既然你考虑入职那家企业，就要尽可能详细地了解其企业文化。它符合你的标准吗？如果不符合，就有可能会产生矛盾。那么，你有两个选项：要么放弃这个职位；要么认清差异，找到适当的办法。也许你相信坚守职业道德就是忠于自我，但没有任何公司会赞同这种态度。事实上，你只会孤立自己，也就会注定离成功越来越远了。

适应新工作后，你当然可以提出问题，接下来，还可以就现有企业文化的一个或多个因素发起讨论。比如，你可以问："我发现你总是用这种方式作决定，为什么呢？"如果你提问时态度友好，全无对质问责之意，就有可能开始一段建设性的对话，甚至还有可能对企业文化产生改变。

要懂得妥协

在选定一份工作的时候，要想想这个过程中你是不是有所妥协。日常生活中总是充满大大小小的妥协，我们无法回避。但如果在基本的工作问题上妥协，你就要陷入危险的境地了。例如，一个岗位对教育程度的要求低于你的教育水平；或是没有晋升的机会；又或是办公条件太差。别做你不喜欢的工作，否则你不但不会有所进步，而且还会感到不满。

有时别无选择，你只能妥协，接受一份不理想的工作。对此你可以有完全合理的动机，比如经济需要或劳动力市场上缺少合适的工作。如果是这种情况，一定要记住你妥协的原因。这样，你就能专注于自己的优势，摆脱由妥协而造成的挫败感。

当然，世上没有 100% 理想的工作。每个工作都有不利因素，但要尽量消除不利因素的影响。找工作最重要的标准一是你要开心，二是要能提高你在该领域的专业水准。

艾琳在一家荷兰食品公司担任人事主管，工作非常出色。该公司为国际市场生产罐装浓汤。没想到这家公司被一家意大利竞争对手收购，这意味着生产线要转往意大利的新母公司，荷兰的分公司就没有多少事可做了。艾琳接受委派负责重组。原公司有 350 名员工面临被裁员。她和团队为相关人员另谋出路提供了广泛的支持。这个时期，实际上是艾琳在打理这个企业。

在重组过程中，艾琳被问到，如果她所在的部门最后要关掉，是否愿意担任新组建的荷兰分公司的法律事务主管？她以前做过类似的工作。于是她同意在完成重组工作后立刻上任。然而新职位彻底让她失望了。她几乎没有任何发挥的余地，做任何事都要请示米兰总部认可，最后只好辞职了。

艾琳把能想到的职位都申请了一遍，但没成功。最后在她下定决心要重新审视自己时，事情才有了转机。艾琳帮助他人渡过了裁员造成的悲伤，而现在她也要经历失业的痛苦，找一份真正适合她的工作。很快，她找到一个新的高管职位——人力资源部经理。

摆脱诱惑

工作不会选择你，而你可以选择工作。想要工作成功，必须有意识地选择合适的工作和企业。不要被职务津贴骗了，即便那份工作看上去绝对完美，也不能赴任。此外，工作环境同样重要。毕竟，只有职位、企业、企业文化都适合你，才有更大的取得成功的可能。

练习：选择新职位，目的要明确

考虑新职位时，制作的表格要有两列，即有利因素和不利因素。有利因素应当至少要比不利因素多一倍。

有利因素	不利因素

为了得到更清晰、直接的观感，应当注明两种因素各自的重要性。标注“重要”的上限是5次。

有利因素	重要	不重要	不利因素	重要	不重要

结果就不言而喻了。如果利大于弊，如果有利因素标注“重要”的次数更多，那么显而易见，这份工作很适合你。如果有利因素很多，标注“重要”次数更多的却是不利因素，那么我们该怎么办呢？我们只能重新考虑这份工作是否真的适合自己。

仔细总结数据。哪怕已经选择了一份有优势的工作，在某个时刻，不利因素也会消耗你大量的精力、时间或者情感。这份清单能帮助你正确看待不利因素，再次评价那些有利因素。

起手就错就糟透了。无论新工作或新职位多么吸引人，接受之前要先摆脱诱惑：不要太在意他人为了招聘你而说的漂亮话，或者是自己在竞聘人员中表现得更受欢迎。这都是一时的满足感。相反，要精准地研究透新工作的得失难易。你和新的企业文化之间的契合度最为重要。

第 3 章

入职的前 100 天

TIPS

- 每项新工作都需要从零开始，要改变自己的工作方式，分清轻重缓急。
- 新工作开始前，手里原来的工作要进行收尾。
- 不管是跳槽还是转岗，都要以全新开放的视角看待问题。
- 新上任后，在前100天内明确企业对你的预期，与你的老板在一些棘手问题的处理方式上达成一致。
- 迅速辨识企业的核心问题及核心员工。
- 仔细研究企业文化最重要的特征：如何决策和处理信息，尤其是如何对待员工。
- 制订学习计划，阐明想要学习的新技能和摆脱的旧框架。
- 从第101天开始，制订两年的长期计划，其中包括短期目标和阶段性目标。

在新工作前100天，你必须要换个思维和行为方式，分清轻重缓急。这是一个巨大的挑战。你要以务实的态度开始新工作，以恰当的方式告别旧工作。如果能迅速发现新公司最重要的问题、最核心的员工，能彻底审视新的工作文化，成功概率就会大大增加。同时你还要意识到，不仅要学习大量的新事物，还要摒弃一些旧习惯。新工作需要全新的视角和方法。

切勿过于亢奋

新工作上班第一天，你的期待值可能很高。竞聘的成功仍然记忆犹新，这在很大程度上决定了你进入新办公室时的乐观和自信。你的情绪被两件自我强化的事情所主导：一是你击败了其他所有的应聘对手；二是新雇主还要全力说服你接受这个职位。你认为没有人能给你造成任何障碍。

但如果不是这样呢？

现实会狠狠打击你。事实证明，你遇到的问题会比面试中提到的更复杂。最新的数据非常令人失望，新同事也似乎冷漠消极。尽管所有问题不会马上显现出来，但新企业期待你一晚上就能全部解决掉所有问题，这远远超出了你的预期。所以人人都要在最初几个月慢慢平复自己的心态，面对日常不断出现的工作状况。

日常工作状况的一个重要部分，就是你意识到每个新工作都必须从零开始，从点滴做起。以前工作中所有的确定情况都不适用了。过去的同事了解你的才能，知道你在某些事情上经验丰富，会向你寻求建议。但新同事不了解你的才能，还需要逐渐认识你。这都需要投入时间和精力。

正式告别旧工作

新工作意味着冒险。所以从开始就做好准备工作非常重要。不建议这周五离职，下周一就开始新工作。你必须真正放下旧工作，而不仅仅是离职走人。这里有一些建议：

想想告别方式。从打算离职起就开始准备告别。仪式对于一个重要时期的结束是很重要的。例如，离职时你是只想对公司的同事说再见，还是也想对合作伙伴告个别呢？如果你特别关注某些人，是因为他们与你密切合作过，还是因为他们对你的意义重大？你要制订一个告别计划并予以履行。

离职前的另一件重要的事是准备好在各个场合你打算说的话，以便避免在新工作已经接手后再去和老同事说再见。

认真完成以前的工作。如果收尾工作需要更多时间，新工作就拖后履任。确保完整记下所有职责，交接好一切事务，不要让人感到意外。当然，新雇主会希望你尽快入职，你自己也非常期待。但如果你说走就走，留下一个烂摊子，短期来说并不好，长远来看也只会损害你的声誉。毕竟，未来你很有可能遇见前同事或老板，或者有人向他们打听你的消息。

安排好休息时间。人们更喜欢在新旧工作之间安排假期，放松一下。这能让你远离旧工作，在精神上为新工作做好准备。你会面临许多新的、意想不到的事情，所以要保证自己休息好。

一次只改变一点。不要全然改变生活方式。无论你内心有多少期待，不要想象在新入职的兴奋状态下，你能够一次处理完这些变化。在最初的 100 天，新工作对你的要求只多不少。在此基础上还想着改变一切，只会增加你受挫或失败的概率。

从眼前实际抓起。如果你本来想着新工作工资能更高，或者能进入管理团队，或者能有一间更好的办公室，又或者下属员工让你更省心，而实际情况却事与愿违。你有两种选择：要么不接受新工作，要么顺从现状。不要觉得沮丧甚至去抱怨，因为那将是一个非常糟糕的开始。

心理上有所转变。你必须把新工作看作全新的开始。这就需要全新、开放的视角。

练习：标出新旧工作之间的差异

花点时间思考新旧工作之间的不同。评定如何运用不同的思维和行为方式。

	不同的思维方式	不同的行为方式
1		
2		
3		
4		

在入职的前100天随身携带此清单。运用新的思维方式和行为模式处理这些差异，成功的概率会大大增加。

合理对待预期

新工作必须是新起点，这个契机要好好把握。在入职的前100天内，让企业准确定位对你的预期很重要。例如，新问题出现时，你可能刚刚摸清情况，而你的老板已经让你拿出一套解决方案了。这时就需要你们之间的沟通，要明确每个人对自己的期待，向相关人员解释刚刚接手工作时你可以做什么。

清楚自己正在做什么、将要做什么、何时做，对打造成功的人际关系非常重要，所以要不断提醒自己思考这些问题。很多情况下，这也意味着你自己的计划目标要与新公司的期待值保持一致。例如，如果老板想让你尽快解决一个棘手的问题，你就要多下功夫了，因为不是所有问题都能等到你熟悉全部情况之后再去解决的。你的下属关心的问题也是如此。他们开始某项工作之前，可能需要你的意见或决定。

初次和他人会面，认真倾听很重要。新同事、新老板都想告诉你很多事情。多提问，但不要马上就把自己的观点加诸于人。让每个人都感觉得到被认真对待，这会对你更有利，不要让别人觉得你自以为是，不愿意倾听。

接下来你需要认真做好记录，在这样一个信息爆炸的时代，这一点显得至关重要。例如，你是喜欢听别人讲，还是更喜欢自己抱着厚厚的资料报表弄清每个细节呢？又如，你是不是喜欢把所有的事情都总结到一张表上？在新工作关系建立之初，你就需要告诉你的下属你喜欢怎样的信息接收方式。除此之外，通过信息传递的方式，你还能在入职开始就了解一些企业文化信息。

同一企业内的职位变动

如果你在当前的公司得到晋升，要是还保持一成不变的工作方式的话，反而不利于进步。新职责需要新方式，要实现这一点，必须要有明显的转变。你需要从自身开始改变。比如，换一间办公室，或是换一个新的办公环境。

也应记住，如果你留在同一家公司，同事们之前对你已经有所认识。人们在你上任新职位之前已对你有所了解。想想你树立的形象怎么样，是不是需要有所改变。不要以为大家已经相互认识了，就放过重新认识的机会。相反，想要在新岗位上站稳脚跟，就应更关注他们，与每个同事建立良好的工作关系。

同时，留在同一家公司不会留给你 100 天那么长的熟悉时间。所以你在转岗前务必要完成手头的工作，尽可能熟悉新的岗位，从而缩短转岗后适应的时间。

佩特拉在一家 IT 公司当销售助理，干得还不错。她的部门经理离职时，老板希望她接过整个销售团队，甚至给了她一个董事会席位。佩特拉满怀热情地开始了新的工作。但是和以前一样，她还会去拜访客户，还会给生病的同事替班。这样一来，领导层觉得佩特拉的经理形象不够突出，有些失望，而且整个销售团队的业绩也提高得不多。

发生这一切的原因是佩特拉对新职位与旧职位的区别认识得不够充分，而且转岗后还在干着以前做的事。更重要的是，佩特拉过于关注短期问题，忽略了制订本部门的长期计划。领导层给了她 6 个月的时间积极规划经理的职责，重塑形象，否则就退回原职，但这肯定是佩特拉不想要的。后来，她调整了努力的方向，通过强大的意志力和自我审视能力，最后成功保住了部门经理的职位。

确定工作事项及相关方

不同的岗位要求不同的岗位动力和工作视角。因此，即便只是在同一家企业内换岗，任职前也要与新同事重新认识。如果不太清楚怎么做，可请人力资源部的同事或新上司帮你规划这个环节。重新认识新同事的目的是为了快速确定重要的工作事项和事项的相关方。重要的工作事项包括四个方面：

- 由你负责的事项。
- 影响你负责事项的外部因素。
- 公司或者部门目前的主要工作。
- 影响公司或部门目前主要工作的主要因素。

工作事项相关方和事项本身同样重要。要尽快多接触一切和工作有关的人，包括部门内部的同事、公司内部的同事以及外部合作对象。通过与他们的交流去尽可能多地收集信息，看看自己和对方对于工作上的看法是否一致。

没有人能仅靠自己做事，你需要工作当中的帮手。在新入职的这些日子，不要马上向所有人坦白自己内心深处的想法和情感，可以先暗中观察一下，看看哪些人将来可能为自己提供帮助。

最后，确保不要为前任的遗留问题“背锅”。不要总觉得你应该为以前的遗留问题负责，那都是你前任的事情。你需要做的是仔细找出尚未解决的问题，与新老板协商。有可能的话，提出解决方案，但要明确你只是提供解决方案，而不能为造成这些问题的原因负责。

审视企业文化

审视新环境的企业文化同样重要。一个人在一种企业文化中能取得成功，换一种企业文化却不一定行。不同的企业文化中要采用不同的工作方法。

在你选取适合的工作方法之前，你需要充分了解新企业的企业文化，这也是成功的必经之路。企业文化包含以下几个重要方面：

如何作决策

比如：决策是集体长时间讨论出来的，还是在大多数人不知情的情况下，由少数几个人，甚至是某一个人单独作出的？决策过程是正式的，还是随意、武断的？决策总是传达给所有人还是少数几个人？重要的一点是，决策是否得到贯彻执行了？

如何处理信息

比如：信息是公开透明的，还是需要大家私下揣测呢？信息公开的程度如何？公开的范围是只涵盖你所在的企业，还是也能知道一些合作方的事情？信息传递的媒介是怎样的，同事之间沟通信息是通过邮件等电子化方式，还是传统的纸质文件传阅？

如何与同事相处

比如：领导面对下属时，是严厉处事还是平易近人？不同部门的同事之间能否实现紧密合作？讨论问题时会不会出现对人不对事的情况？同事之间私交如何？

思考清楚这些问题能让你在工作中如鱼得水。

摆脱旧框架，拥抱新技能

想在新工作中成功，也需要辩证审视自己的知识、能力，以及新岗位对应的新职责。

知识和能力

你需要弥补一些知识上的空白。比如是以前不太需要的财务知识，或是现在新岗位提出的业务需求。同样，你的个人能力和工作技巧也需要随时更新，这要视具体情况而定。比如，你原来做具体销售，现在做总经理了，工作时就要尽可能少插手具体事务。

新职责

新职责意味着新格局。管理一个200人的企业自然和管理一个20多人的小部门不同。最大的挑战在于从底层普通员工到中高层管理者的转变，而后者更强调执行力，更看重最后的成果。

这里有一点对所有人都适用：新岗位意味着不断汲取新知识、培养新技能，但也意味着很多东西需要放下。懂得放下同样重要。职位越高，对做事的方式方法的要求就越高。身为企业的高层管理者，你要指导大家如何齐心聚力解决问题（the how），而不是疲于了解各种情况（the what）。

要切实总结你在过去工作中的成绩和不足。但谨记，在过去工作中表现出来的优点不一定就适用于新的岗位。比如：以前你的工作是负责裁员，那么你的注意力肯定要放在员工身上的各种缺点上；但是现在你的工作是负责组建初创公司，那么你就需要更加关注员工身上的闪光点，帮助他们弥补短板。

很多企业都会提供这样那样的培训课程，有一些可以增长专业知识，还有一些可以提高工作技能。这些都是加分项。你可以在一开始签订劳动合同之前就要求把某项培训明文规定下来。坚持继续教育不但可以优化你的工作方式、提高业绩，还能使你的简历更加精彩。制订学习计划对接受继续教育非常有用，并且学习计划中的目标应当与第1章中个人规划的目标保持一致。

练习：制订学习计划

为未来 6 个月以及未来 2 年制订一个学习计划。注明你将如何学习新知识、如何摆脱旧框架，以及实现这些目标的周期。

	学习新知识	实现方法	耗时	摆脱旧框架	实现方法	耗时
未来 6 个月						
未来 2 年						

第 100 天之后

在顺利度过新任职的 100 天之后，你需要立即着手准备一份详细的计划。这个计划中应包括你对企业或所在部门未来 2 年的长期发展目标及具体实施方案。长期发展目标可以细化为一些短期目标和阶段性目标。新上任的时间里适合安排短期目标，实现后会提升自信心。之后，通过对半法，一步步地扎实推进计划，逐渐稳固自己在企业或部门中的地位。

该计划应当重点突出三个方面：

- 自己对接手别人的问题有更好的处理方式。
- 现有问题的处理方式。
- 让自己负责的其他工作更有效运行的方式。

你的计划需要得到执行者与决策者的一致支持。你一开始就要集思广益，把大家的想法融入你的计划中，而不是闭门造车，等计划最后都付之成文了才让大家知道。“新官上任三把火”，趁着积极性还很高的时候，不要总想着自己单干，要让你的计划被企业或部门接受，得到人力、资源上的配合，这样计划才能实现。

第4章

从知识型员工到战略型员工的转变

TIPS

- 把由知识型员工向战略型员工的转变看作职业生涯的决定性时刻。根据具体情况处理转型的过程。
- 勇于放弃固有的、依赖的思维模式和行动方式，即使暂时还没有新的舒适区。灰色发展区域是转型无法回避的组成部分，最好接受这一点。
- 战略型员工专注于做什么，而非知道什么。
- 有意识地选择放弃原来的舒适区，打造新的舒适区。
- 不要凡事都亲力亲为，要学会派工。

从知识型员工到战略型员工的转变，是个人职业生涯中最根本的变化之一。你受聘是因为你非常了解某些事情，突然，你所知道的一切不那么重要了。同时，受聘企业对你的新期待是什么也不明朗。一大片让人易于迷失的灰色区域出现了。还好有些方法能将这一影响降到最小的程度，让你再次适应新的战略角色。你可以有意识地打造舒适区。另外，派工在这一新阶段中也非常重要，这样你就能避免亲力亲为做太多工作。

艰难的转变

有时，从知识型员工到战略型员工的转变可能来得太过突然。例如，新老板希望你在工作中都能完整地执行他的新策略。你认为自己是来发现问题的，但现在才明白主要是如何处理这些问题。突然一切都变了，你知道什么并不重要。比如你想应用你的知识，反响却不像过去那么热烈了。有时，这种转变进展得非常顺利。如果你更加致力于运用自己以及身边员工的知识——采用这种有效的方式为公司取得更好的成绩，你已成功了一半。有时，这种转变非常明确。你得到一个新职位，部分职责与你已有的知识经验关联不大，如何做好工作才是重点。

然而，一般来说，这种转变是无形的。企业对你的期待，无论是明确表达出来的，还是潜在的，都需要把你的知识和企业的战略目标相结合，并全力以赴实现企业的目标。这种情况下，你受聘的原因，即你的知识——突然就没那么重要了。实际上，还要用不同的方式做事。有些人能不慌不忙地转型，很快升到高层。

灰色发展区域

从知识型员工转换为战略型员工，你必须敢于改掉固有的、深信不疑的思维方式和行为模式。然而，抛开让你深得器重的专业知识，确实有难度。这段时间里老的一套必须放下，但新东西还没有完全掌握。

假设你习惯了在医院的实验室做血液检测，你在那里工作了五年，而且工作得非常愉快，忽然有一天上级要求你领导实验室的这个部门。突然之间，你要考虑研究的优先次序、工作日程和预算以及所有必须要参加的会议。你已经习惯了化验全部血型样本，然后写报告。眼下，看着血液样本越堆越高，但是你必须召开一次采购新的检测系统的会议。虽然将来这个新检测系统能够大大提高实验样本的处理速度。但在内心深处，你还是想立刻解决手头问题，当天给出结果，这样病人就能够得到适当的治疗。在这个阶段，你意识到从知识型员工向战略型员工的转变，进而过渡到一个新的舒适区，这绝不是边界明确的上行曲线，而是一个巨大的灰色区域，里面起伏不断，是一个充满迷惘混乱的时期。理智地说，你可能明白这就是生活不断变化的方式，但结果没有好起来。图 4-1 显示了这一点。

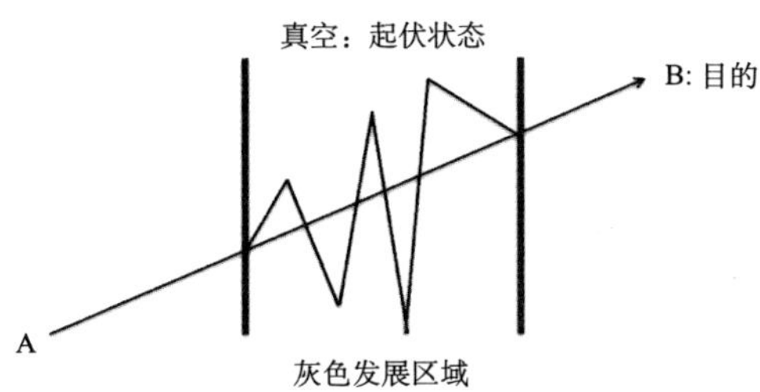

图 4-1　灰色发展区域

当然，停留在旧的舒适区最简单，只需遵从指令采集血液样本、执行检测流程就可以。可是你这样做会让同事困惑，而且还会自损形象。学新东西、做新工作，与此同时还继续做旧工作，会让你不堪重负。这绝对不是完成新工作的好方法。放手旧工作、投身于充满不确定的巨大灰色区域，才是真正取得进步的唯一选择。

这一灰色的发展区域就是过渡地带，充满高低起伏、困惑、尴尬和偶尔的生长剧痛。你可以恰如其分地把这个过程比作孩子夜间生长时腿关节疼痛的经历。这种剧烈的疼痛被称为生长痛，是由骨骼的生长引起的。这个过程非常折磨人，但结果能让孩子长高长大。如果发现自己处在灰色的发展区域，只要接受这种不确定性，而不是急急惶惶地寻找虚幻的安全感，就会有所收获。新的确定性自然会到来，这只是时间的问题。

转　轨

转轨是从知识型员工转变成为战略型员工的必要条件。如果你以恰当、平衡的方式完成转轨，就能取得进步。战略型员工在宏观和微观的各个层面都能为企业和个人带来改变，能够有所作为。转轨有三点要求非常重要：

重要的是能做什么，而不是知道多少。能否有效运用知识最终决定工作能否成功。实际上，只有在明确能帮助企业发展的情况下，知识才显得有意义。这是战略型员工的行为方式。

合理安排比拥有知识更重要。你不需要了解一切。想想那些拥有万名员工的大型公司领导吧。他们知道如何通过合理安排员工推动公司发展。

多问少答。了解一切或者想知道一切，完全没有必要。提出适当的问题，会了解到许多不同的事情，这要远比自己学到的更多。吸纳高度多样化的事实，你最终就能采取更多的战略举措。

在战略思维和行动方面如何实现最佳转轨，人各有异。一些人作出决定后就马上把新方法应用到日常实践中，另一些人则可能需要些时间来消化吸收。多留心就能起到作用，比如沉思、自由搏击、跑步，甚至洗盘子时思考问题。不要犹豫去求助外界，例如培训师的帮助。如果想要职业生涯有所发展，从知识型员工转变为战略型员工就非常关键。

阿丽亚娜是资深天文学家，在一所大学从事学术研究，为青年研究人员授课。当她入职到国家天文研究院后，被任命为天文学部门的负责人。这个部门向一些有重大社会影响的科研项目提供补贴经费。第一年的工作让阿丽亚娜手忙脚乱。她搞不懂为什么其他部门的同事就没有同样的问题。她经常与年轻的研究人员联系，帮他们立项、确定研究方法。而且，常常要读他们的草稿。

这种工作方法的缺点是，新提出申请的研究人员有时必须要等很长时间才能与阿丽亚娜会面。研究团队的抱怨声越来越高，威胁要把这件事告诉她的上司。阿丽亚娜请了一周假，来思考这件事。这些抱怨迫使她评估现状，迅速转变策略。她把新方法明确告诉团队。将来，她只做应该做的事：以社会相关性为原则评估补贴申请。这样就能够提高效率提供更多研究补贴，这反过来又促成越来越多的相关研究成果。正是这些成果使她取得了成功，并使由她负责的天文学部门与其他部门相比业绩更突出。

走向新的舒适区

想要成为战略型员工，重要的是要离开原来的舒适区，并有意识地打造一个新舒适区。舒适区涉及你的行为以及工作环境下你和其他人的角色。这些人可能是你的下属、同级同事、老板或公司之外的人，只是职责不同而已。首先要换个角度看待自己的职业形象。如果你从一开始就接受了这种转换，就意味着进入了不确定的灰色发展区域，那么打造新的舒适区会容易得多。

练习：打造新的舒适区

该练习会帮助你果断而有意识地打造一个新的舒适区。首先填写左侧一栏：针对相关人员或群体（你自己、下属、同级同事、老板或者外部联系人）旧的或当前的职业行为。

然后完成右侧内容，填写为了达到战略型员工层次，你想要实现的职业行为。完成练习后，至少随身携带一年，每个月都要检视新舒适区是否真的“舒适”。

每一个层次，写下最重要的职业行为特点（最多 5 个）。

旧	新
针对你自己：	
1.	1.
2.	2.
3.	3.
4.	4.
5.	5.
针对你的下属：	
1.	1.
2.	2.
3.	3.
4.	4.
5.	5.

针对同等级别的团队（管理团队或者执行董事会）：

旧	新
1.	1.
2.	2.
3.	3.
4.	4.
5.	5.

针对上级：

1.	1.
2.	2.
3.	3.
4.	4.
5.	5.

针对最重要的外部利益相关者：

1.	1.
2.	2.
3.	3.
4.	4.
5.	5.

不要凡事都亲力亲为

战略型员工关注她为企业所创造的附加值，重点是必须取得的成果，而非必须完成的所有工作。毕竟，你对企业的附加值在于你如何取得更好的成果。这意味着你必须不断选择，设定优先级。努力工作一点用也没有。这只会让你的生活更加困难。真正有用的是工作方法要更加明智。

所以，做事前先问问自己做的每件事是否同样重要。不要凡事亲力亲为，而应当委派给别人。这可能会有些尴尬，尤其是对于完美主义者来说，因为其他人和你的做事风格不同，甚至是不那么完美。即便如此，派工是你取得进步的唯一途径。有几种方式能克服派工的障碍：

从只委派一件任务开始。不要插手完成任务的方式，而应指明需要完成什么，只关注结果。

问自己是否能从某项任务中学到些什么，或这份工作是否对个人成功有所帮助。如果不是这样，就问问自己是否有人能从中学到东西。这些是你委派任务的最佳标准。

如果有私人助手或秘书，就要充分利用。助手或秘书能够处理日常许多所谓的紧急事务，这样你就能继续专注于重要事务了。

从知识型员工转变为战略型员工的阶段通常是指你初任领导职位的时候。这种情况下，明智的工作方法、设定优先级、派工都是打造新舒适区的重要因素。如果能以良好的方式实现转型，你就能按对半法更好地实现个人规划的目标。你付出的努力不仅仅是职场必需的，而且最重要的是确保为下一个更令人兴奋的挑战做好充分的准备。

第5章

勇于变革

绽放

the 50/50 method

TIPS

- 想要工作成功，就要有所改变。
- 确保动机明确，否则只会失败。
- 接受企业或周边环境的不断变革是新标准。
- 运用突破性方法：要想变革，举措就要迅猛。
- 要想工作成功，就要注重领导能力。否则管理这条路走不长久。
- 让整个企业参与变革。否则变革传达到基层就会“蒸发”掉。
- 确保员工各司其职，能为变革作出贡献。
- 要保持乐观。成功的女性通常积极乐观。

想要取得成功，就要注意改变。一定要明白为什么做这份工作的是你而不是别人。“渐进性”（incremental）和“突破性”（non-incremental）这两个概念能够区分什么是简单完成工作，什么是有所作为。渐进是指循序渐进、小心谨慎。突破是指颠覆性与远见卓识，与有所作为完美匹配。

这两个概念也可以用于区分领导工作和管理工作。领导工作中有所作为是领导力的本质特征，这意味着要帮助个人和企业向前发展；管理工作则更多地是让事情井井有条地进行。如果你想要有所作为，乐观的态度和适当的动机都是不可或缺的必要条件。

动机是首要的关注点

如果你想要在工作上取得成功，思想就要集中。要处理成堆的工作，动机是重要因素，尤其是对女性而言。越是留意这种激励因素，工作就越容易。如果你觉得当前的工作非常重要，就会更有动力，那么采取大胆的步骤、制订长远计划也就更容易。每个人的动机不尽相同。对于一些人来说，其动机是致力于更好地服务社会；对其他人而言，则是挣钱养家糊口。工作得开心也会有积极效果，能给你动力，让你更有创造力、更高效，还能增强你的耐性。

练习：你的动机

检视当前工作的动机。

简述体当前工作的动机是什么？

如果这个练习确实产生了让你满意的效果，建议你把它归档并定期查阅：如果工作顺利，这个练习能让你更加高效；如果工作不顺利，也有助于保持精神面貌。

如果当前工作的动机不太明确，就要反思两件事情了：

- 当前的工作中，哪些是你认为有意义、有动力的事情？试着在工作中更关注这些事情。你可以在这上面花更多的时间，在日常生活中给予更多关注，投入更多的精力。
- 任意工作中都应包含的能引发你的工作动力的因素有哪些？（第 16 章“理想的工作中”的练习会

深入探讨这一问题）检查这些因素是否存在于你当前的工作中，或者是否能够轻松获得。

变化是全新的标准

除了要有良好的动机，职场还有一条重要的标准，那就是不断的变化。这其中包括企业内部和周边环境的变化。变化已成为新常态。这很容易解释：过去几十年来，周围世界的发展大大加快。技术创新在全世界范围内改变了获得信息的方式。顾客不再只忠诚于某个产品或品牌。过去产品的使用寿命通常是 20 年以上，但现在，手机之类的产品使用寿命只有两年左右。

这种情况下，如果在一家以保持现状为标准的企业，你认为自己能工作圆满，肯定是远远不够的。如果想要继续保持对顾客或公众的吸引力，必须要把事情向前推进。不断发起变革、实施变革，对于每个想让企业成功的人来说，就是其日常工作的重要组成部分。每个想要取得个人成功的人也要这样做。

突破性工作方法

有所作为是成功变革的基础，你自己就能轻松做到。不过你执行的变革要能真正推进公司的变革，使之业绩更加优异才可以。有所作为可以包括很多大事，如发布新产品；也可以体现在许多小事上，如换下一位身居要职但能力不足的员工。想要有所作为是一种思维状态：它关乎你的处事方式、优先级安排以及分配时间与精力的方式。

有所作为，可以通过“渐进性”和“突破性”这两种方法轻松得以实现。渐进性工作方法是指以原有秩序按部就班地持续运营。想想那些身居要职但能力不足的员工吧。以渐进的方式处理这类情况就意味着用上两年才可能有所建树，还要花大量的时间和精力督促这类员工的工作合乎要求。或者试想一款产品，五年以来每年都损失 5% 的营业额。这种情况下，渐进的方法就是改变产品包装，再耐心等两年看看是否有所改观。

突破性工作方法意味着打破原有的秩序。还是刚才的例子：突破性的工作方式下，身居要职但能力不足的员工很快会被公司解雇。有意识地选择是为了接受企业局面的暂时恶化。在老员工离职后、新员工入职并了解情况之前的这段时间里，工作根本无法开展。销量不佳的产品也是如此。如果产品完全更新，顾客就必须重新了解它，营业额最初会大幅下降，但是满足顾客需求和意愿的产品最终会产生更多的营业额。如表 5-1 所示。

表 5-1　渐进性和突破性工作方法的后果

渐进性 工作方法	短期：平稳 长期：风险
突破性 工作方法	短期：风险 长期：稳定、成功

对真空的恐惧常常妨碍许多人采取突破性举措。他们追求平稳，避免短期混乱，忽略长期的稳定与成功。图 5-1 表明渐进性工作方法会导致业绩低于平均水平。图 5-2 清楚显示突破性工作方法可以带来高于平均水平的业绩。

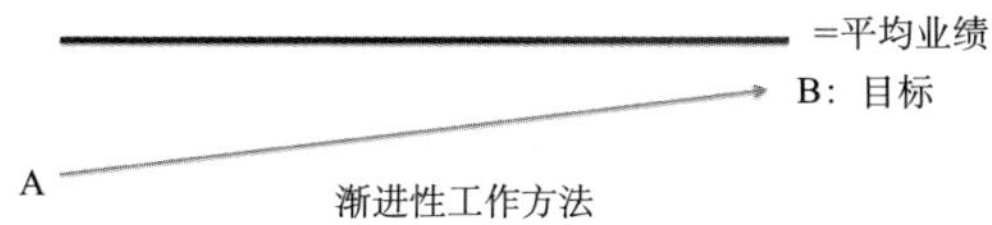

图 5-1 渐进性工作方法的效果

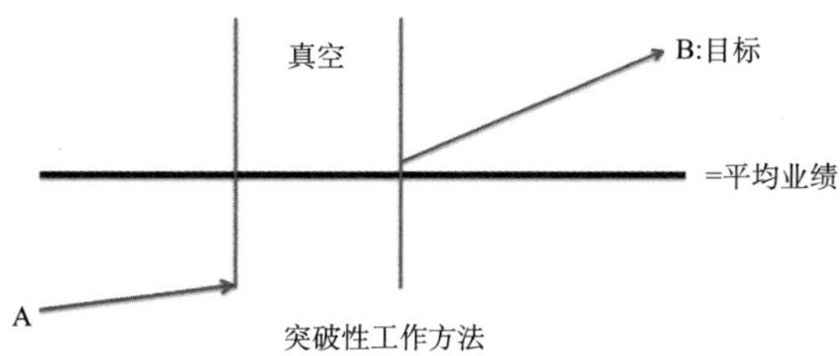

图 5-2 突破性工作方法的效果

想要有所作为的人会选择接受短期混乱，着眼长期改善。越来越多的情况下，你只需大步前行。例如，一家公司持续失去市场份额，或者政府部门需要处理大量市民申诉，这并不意味着你必须时刻冲锋在前。这只会滋生不安定情绪，让员工晕头转向，或许你也稀里糊涂。突破性工作方法对公司的发展或成功都至关重要的员工、部门和事务非常适用。

日常工作中，有时工作方式很难转换。大部分企业文化都适合使用渐进性方法，所以转换工作方式就更难了。偏好短期平稳安定的企业，更加普遍。当然，这是由于员工在大变革之初对其带来的利益认识不清造成的，但并不代表员工反对变革。他们的抵触情绪通常来自害怕失去。充分交流变革的优势、积极让员工参与其中也非常重要（详见第 10 章）。

练习：渐进性和突破性工作

一周一次，留出一些时间写下你在渐进性和突破性工作中分别投入了多少时间、精力。

花费的时间与精力

	渐进性工作	突破性工作
第 1 周		
第 2 周		
……		

想要有所作为，突破性工作占比至少应达 20%。如果达不到，尽量调整下周计划，争取达到 20%。

弗洛拉主管一家日本制药公司的德国分部。德国卫生部决定停止以基本保险补贴某些药物。这意味着公司的营业额将从每年的 9 000 万欧元骤降至 7 200 万欧元，损失达 20%。最近引进的一些新创药物虽然得到了补偿，但暂未产生多大的收益。

弗洛拉面临着选择——是否应该尝试保留某些旧

的补贴清单中的药品。而现在药品的费用，病人将全额自付。那种情况下，该企业可以用较少的人继续走老路子。他们也可以尝试为新创药物开拓市场，以获得更快的销售增长。当时，该企业一直将这些新药视为副业。如果选择大力开发新药，就需要实行更彻底的改革。

弗洛拉采取了突破性工作方法：她成立了一个新部门，更积极地销售新药品。旧药品部门的员工有两个选择：要么接受培训销售新药，要么离职。第一年，营业额急剧下降，并且造成了很多麻烦，消耗了额外成本。但第二年，新部门实现了惊人的增长。第三年的营业额则远超原来的 9 000 万欧元。弗洛拉随后领命担任该公司欧洲其他地区某个规模更大、但同样境况欠佳的部门的领导，在那里她也同样使用了突破性工作方法。

要引领，不要管理

领导力指对未来有愿景，激励人们为之努力、为之不断改变的能力。要想有所作为就要具备领导力。照顾好业务则需要管理。管理包括计划、排岗、组织、预算，以及解决任何小问题。领导力可以打造全新的企业，或使企业适应巨变的环境。世界变化加快，人们越来越期望管理者能表现出领导力，但却并不一定清楚其中的意义。有时管理者会转向更加细微的管理，这正是真正需要领导力的地方。因此在需要领导力时，考虑以下几点：

- 确保对公司的发展方向有一个清晰的愿景。
- 为该愿景寻求支持，并继续就此展开沟通。尽可能让更多人参与到工作中。孤军作战容易失败。
- 不要凡事都亲力亲为。
- 要认识到聆听、提问和回答一样重要。
- 坚持把至少 20% 的时间、精力用在突破性工作上。
- 敢于作决定，要花时间解释。即便不了解所有情况，但决策非常重要的情况下也要敢于作决定。职位越高，就越依赖于个人经验和直觉。
- 解决问题而不是任其发展。解决问题能力的水平决定了领导力水平。
- 对员工的期待要符合实际。要明白他们不能甚至不愿做你应做的事情，也不要叫他们做。担任领导的是你而不是他们，这是有原因的。
- 想要向前飞跃，就要接受暂时出现的真空。
- 接受你也会犯错的事实。人人都会犯错。

使用对半法可以提升你的领导力，这样有利于你自己和企业都保持长期向前发展的状态。

保持乐观

领导一次成功的变革需要乐观的态度。想象一下，你走进一个忙碌的房间，突然大家都安静下来。我们当中的那些悲观主义者立刻会觉得大家在议论自己，然后就焦虑起来，自问是不是工作出了状况，举止也不自然了。而乐观主义者则会挽救局面，会说“我可能来的不是时候”，而不会把这归于个人原因。

悲观不利于你的发展。焦虑不安是糟糕的推手，不要总把事情看成个人问题。世间总是有批评的声音，因为没有人绝对正确。如果受到批评，那是批评你的职业表现而不是针对你这个人。悲观主义不利于个人进步、企业发展。

成功的女性似乎都是乐观主义者。有所作为要求你积极向上。如果你有时不乐观，就要努力乐观些。可能无意间你自己悲观或焦虑起来，要认清当时的情境，有意识地换种方法反思类似的情境。这样，你就能乐观一些。比如，你不应因业绩不佳受到批评而陷入绝望。相反，应当把它看作是一个很好的职业发展机会，因此心存感激。

引领变革

最后一点：引领一次成功的变革不是顺其自然发生的。首先，你必须有良好的战略。这通常包括两个因素，即“是什么”和“怎么样”。

- 愿景：想要实现什么。
- 方法：如何实现。

如果最终结果和所采取的战略相符合，变革就是成功的。只有战略得到整个公司的支持和执行，这个变革才会取得成功。任何一个公司部门、任何一个员工都不能忽视。图 5-3 清楚地表明了这一点。

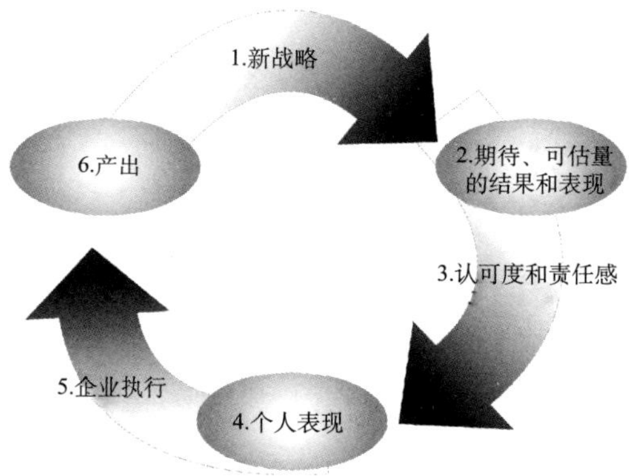

图 5-3　成功的变革：产出与战略目标一致

许多变革失败了，是因为好的想法在企业的上层遇到阻碍。上级告诉下级必须有所改变。但是变革永远不要省去图 5-3 中的第 2 个步骤。否则，就没有整个企业推行变革所需的完整计划，上级布置后下级无力执行。毕竟，变革直接影响具体实施的员工，那么涉及变革的所有工作就应在现有工作基础之上进行。制订新的需优先实行的计划，必须考虑整个企业、每个部门，最重要的是每位员工个体。否则，人们很快就会觉得这种变革是一种额外的工作量，他们的动力也会随之消退。

实施一次成功的变革，永远不要低估员工主观能动性的重要性。要想新战略被接受，每个人都必须有一种紧迫感。如果没有人承认某种变革的必要性，不妨忘了它。所有员工应当都有机会为新战略作贡献。这可能意味着，其他事情可以先放一放。例如，由于工作的新要求，员工需要接受额外的培训。

无论是实现小目标，还是达成里程碑式的成果后，都不妨停下来庆贺一下，这会让人保持动力。相互祝贺成功非常有益，也是共度工作时间的好方法。

第6章

顺应现实

TIPS

- 识别并摆脱一厢情愿的思维方式。
- 接受工作中的现实。想获得成功，这是唯一务实的选择。
- 接受企业高层的现状，即便是非理性或不合情理的情况似乎占了上风。
- 确保能够对现状施加影响，把现状为己所用。

要想取得成功，最快的途径就是接受现实，顺应现实。有时，女性的思维方式会以其行为规范为中心，有些一厢情愿，往往又伴随着无力回天的感觉，充满了负能量。直面现实就能扭转这种消极模式。这样，你就能把握自己的未来。

不要以自己的行为规范为导向

有时，女性会受制于合乎情理的东西，而不理会现实情况。这是因为行为规范在其中发挥了关键的作用。比如，“如果老板是个优秀的管理者，处理这种情况就会好很多”。类似情况下，女性就会用这种思维方式。行为规范是其中的关键和标准。然而，个人的行为规范可能会与同事、老板，甚至整个企业的行为规范或明或暗地发生冲突。如果把个人的行为规范放在首位，凌驾于他人或企业的行为规范之上，就出问题了。

道德观决定了个人的思维方式和行为方式。但对于企业而言，它只有在其发生重大错误的意外情况下才有作用。此时，往往是女性挺身而出，成为企业的良知。但在其他情况下，一厢情愿而不顺应现实，对自己、对企业都会造成损失。

避免无能为力的情况

一厢情愿的思维方式会慢慢让你无能为力。也许你觉得有道德的正当性，同时又不能接受现实。更糟糕的是，你又不能做点什么改变现状。这可能是有关于某个员工的："那人总是五点下班，连工作都还没做完。"或是关于某个团队成员的："那人总是从法律角度看问题，我们很难得出解决方案。"或是关于某个上级："董事会不知道员工的真实想法。"甚至是关于外界社会："真搞不懂为什么我这么一个有才的人得不到一份好工作。"无能为力总是伴随着太多太多的消极情绪，而且会白白浪费精力。当然，站在咖啡机旁，和那些同样自怨自艾的人聊天，情况就是这样。

在团队里和会议上，有些人个人意愿太过强烈，会和他人产生强烈的对立。这种情况下，他们常常是固执己见、毫不妥协，对他人的观点根本没有兴趣，无意于弥合分歧或寻找解决方案。如果双方都从个人的行为规范出发，还要合作完成一些事情，而没有一方表现出任何灵活性，那么这种合作很难有成效。此外，顽固坚持自己的行为规范观会显得盛气凌人、迂腐，甚至是无礼。无论出发点有多好，结果往往是有害无益的。总之，一厢情愿的想法有碍发展，也不可能实现与他人的有效合作。

练习：评定你一厢情愿的想法

如果你的想法已经表现得有些一厢情愿，就做一做这个练习吧。写下上周发生的影响情绪并且无法解决的重大事件。要反思一厢情愿的思维方式有多大影响。

产生影响的情况	有无解决方案	是否一厢情愿

如果察觉存在一厢情愿的因素，只有一个解决方案：赶快摆脱这种想法。

直面现实

推进工作的唯一途径，就是务实地解决现实问题，而不是一厢情愿。现实往往令人不快。无论是令人生厌的人或事，还是意料之外的亏损，都尽量接受吧。99% 的情况下，接受现实才是唯一的选项，也肯定能开启变革之途。如果你接受人们的本来面目并给予尊重，大家就更容易接受你的言论，即便是这些言论好像很尖锐。接受现实也会让你对他人的动机产生真正的好奇心，坦诚且庄重地询问他或她一些问题。

如果你敢于直面糟糕的新处境，就会取得更大的进步。比如你错过晋升机会，同事却得到了这个岗位，你就要平静一下心情，再看看怎样更好地发挥才能。如果只是想“她太差劲了，换成是我，能干得更好”，这么做根本没用。然后你就会一直消沉、逃避现实。别总想着错过了什么，要专注于未来有什么机会。

波莉任职的公司生产便盆等供老年人使用的家庭护理器械。她负责与医疗保险公司联系报销这些器械的费用。她与保险公司的联络很顺畅，因为她非常了解保险公司所面临的形势。毕竟，保险公司承受着医疗成本的巨大压力。保险公司坚持每年的价格要有所下降，而波莉凭借销量稳步增长弥补了降价造成的损失。

可是，波莉所在的公司被一家毫无医疗领域经验的投资公司收购了。投资公司洽谈新合同时坚持涨价。波莉感觉对此无能为力，她知道这种做法会让公司一无所获。她很生气，不断跟同事抱怨，新老板不了解医疗行业的运作方式简直是一种耻辱。“他们根本不了解现状”，她每天都唉声叹气，“为什么还要收购一家医疗保健公司呢？”波莉没有想办法消除隔阂，也很少向新老板介绍他们之前与保险公司合作的成功经验。6 个月后，新老板辞退波莉，让外人来接替。解聘之后，波莉仍陷于一厢情愿的思维方式而不能自拔。

一厢情愿的思维方式在企业的高层往往会大行其道。显然，人们的期望值在无形之中会越来越高。这与道德预设相吻合，即企业高层的决策应该是理性的，因为在这个层面上，理智思考、谨慎运作应当成为标准。但事实并非总是如此。高层也存在非理性因素，有时甚至是明显的不合情理。公司表面上很成功，但内部高层人士不会以最好的形象示人。苹果公司创始人史蒂夫·乔布斯（Steve Jobs）的传记中，人人都关注苹果公司的成功，并希望从中学到东西。但书中写得很明确，与乔布斯合作让人不快，因为他对待员工可能不讲技巧，领导风格比较专制。

沉浸在对高层行为的失望情绪之中，喜欢与志趣相投的人一起工作，这根本没有意义。更明智的做法是自己区分理智和非理智的行为与过程，然后看看如何施加一些影响。如果想采用对半法，就应设身处地、深入了解现实问题，然后为己所用。请把一厢情愿的思维方法抛诸脑后，认清现实吧。

第7章

制订完整的工作计划

the
50/50
method

TIPS

- 确保你的工作计划包含一套完整的策略（目标、原因、方法、时间）。
- 工作计划中，一定要关注三件事：新举措、解决当前问题，以及保持现有事务正常运转。
- 工作计划中要包含明确的短期目标和长期目标。完成计划时，要让人看到成果。
- 要做到乐观、务实、自信，切勿脱离实际。
- 目标要高远。不要轻易妥协。
- 敢于承担风险，提高成功概率。

如果你计划周全，就会有个良好的开端，就能明确想要达成的目标，也能知道怎么实现。工作计划连同个人计划一起，都是成功的基础。合理的工作计划通常能提出新举措，关注进展中的事务，并解决问题。而要成功实现计划，你还要作出敏锐的分析，树立高远的目标，承担相应的风险。由此实现的一个个短期和长期目标就是你向大家展示的成就。

知道自己想要什么

目标和方法都是工作计划的核心。另外，必须从一开始就阐明你的策略能为企业带来什么附加值。同样重要的还有实现计划的时间框架。总体来说，你的策略由四个要素构成，分别为：

- 愿景——你要实现什么目标？
- 原因——你为什么要实现这个目标？

- 途径——如何实现这个目标？
- 时间节点——何时实现这个目标？（包括短期目标和长期目标的实现时间）

假设你受聘于一家新的家庭护理企业，担任总经理。该企业由三家小型家庭护理企业合并而成，主营老年人家庭护理服务。你面临的挑战就是把合并企业做大做强。你的工作计划可以是这样的：

- 愿景：想要企业以更有效的方式为客户提供更好的护理服务。
- 原因：想要减少客户对劣质医护服务的投诉，提升服务质量。
- 途径：

  ◎ 要合并三个办公场所，节省开支以用于提高病人的护理质量。

  ◎ 总结成功经验，大范围推广。

  ◎ 所有员工都接受持续的在职培训。

  ◎ 合并后队伍重组，员工尽快融合。

  ◎ 为合并后的公司重新命名、设计新商标。
- 时间节点：

  ◎ 短期目标一：2个月内确定企业的新名称和新商标。

  ◎ 短期目标二：第一支重组后的团队3个月内开始工作。

  ◎ 短期目标三：6个月内，所有团队确定最佳工作方法，以及所需的培训。

◎ 长期目标一：1 年内，所有人都在同一处办公，撤销非必需的工作岗位，消除员工出身派系式的思维方式。

◎ 长期目标二：2 年内，客户满意度调查的平均分达到 7.5。

明确你的战略，告知相关人员，不仅对获取支持非常关键，而且对最终的成功也非常重要。目标的内容让众人都知情，而且成功实现，这就是最好的宣传了。同时，该战略也必须与你个人计划相符合。这里再次强调一下：要使用对半法，要明确它对你有什么好处。上述例子中，你的收获可能是学到如何提高客户满意度，或如何建立一家新的企业。

最重要的是，你的战略最好用几句话就能解释清楚。你没有太多机会使用假、大、空的战略，这类战略往往很难实现，即便成功了也没人认同。

目标要高远

明确战略要力所能及，不要好高骛远。不要让一厢情愿的想法或者上级的意愿所左右。否则，最终的结果就危险了。此外，如果你希望取得成功，从一开始就应避免妥协。因此，突破性工作方法至关重要。要记住，目标越高，晋升的机会就越大。所以不要预先给自己设限。

女性有时候设定目标不如男性长远。男性对自己在推进事务中扮演的角色更加乐观，这让他们领先于女性。同时，男性也会高估自己，给企业带来灾难性的后果。比如，美国的一些银行没有充分预估某些复杂的金融产品对顾客带来的后果，引发了次贷危机。因此，乐观、务实和自信的融合，可以避免目光短浅或是好高骛远。制定战略时，要确保这三者的平衡。

敢于冒险

对待风险的态度，男女各异。男性倾向于冒险。事实上，每个新战略都带有风险。你不能预见一切，也无法消除所有风险。一方面，涉及风险的事实不应妨碍制定新的战略。因害怕而不敢乐观，本身就是一种风险。另一方面，冒险也不应失衡，否则就好像是在赌博。此外，新战略实现的附加值应当大于风险。明确风险，从新战略开始实施时就要考虑，而且要贯穿整个实施过程。如果有可能的话，就把它们转换成数据，也就更具体了。降低风险，也应该是你工作计划的组成部分。

面对风险，如果你犹豫不决，那么不妨换个角度看问题。事实上，无论是使用突破性的思维方式，还是在想确定附加值的时候，任何的试水举措都会有风险。如果从这个角度看问题，你就会觉得冒险是一件积极的事情，而不是可怕又无法控制的。女性一旦立志成为一名领导者，就已经承担很多风险了。所以要习惯于冒险，这对于企业以及个人都有益处。

分析要敏锐

着手工作时总是要认真评估企业的内部情况。你可以四处走动、探探风，不断提些问题，了解公司以外的人如何看待这个企业，彻底研究所有的数据，找找感觉。充分分析企业现状有多种方法：

SWOT 分析法。SWOT 分别代表优势、劣势、机会和危机。全部总结下来有助于你制定战略。如表 7-1 所示。

表 7-1　SWOT 分析法

优势	劣势
机会	危机

处理危机、消除弱点可降低工作的难度。

积沙成塔（the building-from-scratch method）。这个方法要求把从分析中获得的信息直接应用于工作。此时此刻，你要抛开当前的局面，从点滴做起，开始构建新的企业或者新方法。思路要开阔。该方法可以把自己从当前的束缚中解放出来，特别行之有效，更容易在战略中纳入突破性因素。并且，彻底检视企业，对于企业的继续生存有时是至关重要的。

练习：积沙成塔

假定你的企业或企业中你所负责的那部分都能从零开始重建。忘记所有现状，考虑起用新人、新地点或者不同的预算，那时候会是什么样子？

你可以从企业层面考虑问题，或者也可以把产品、市场和目标群考虑进去。

埃丝特是一家较大的律师事务所的合伙人。由于经济衰退，加上主要业务被吞并，几乎所有的客户都流失了，收益也在下降。同时，有才干的合伙人带着他们的下属离开事务所跳槽单干。事务所总共有近30位合伙人，埃丝特与他们无法在律所的未来战略上达成一致，因为大多数合伙人都太过关注自己的小算盘。

所以，埃丝特决定另辟蹊径。她邀请一群年轻的员工共同参与一项挑战：就是从零做起，建立一家全新的事务所。挑战结果积极并且令人信服，说服了绝大多数合伙人。

制订工作计划

所需的全部信息汇集完毕后，你可以着手制订工作计划了。一般情况下，首先要简明描述个人策略：是什么、为什么、怎样实施以及何时完成。其次新举措、解决当前问题以及保障事务正常运转这三个方面要相互保持平衡，工作计划必须全面覆盖。一是所有的领域都属于你的职责范围。二是新举措要证明你可以提供附加值，有能力解决当前问题，也知道如何评估当前的企业状况。

新举措。企业的生存环境不断变化，新举措至关重要。新想法和突破性举措，真正有利于企业，比一大堆细微的变化更有影响力。新举措绝不是遥远的白日梦，而应包括具体的、可以实现的目标。必须提前检视能否得到你所需要的支持。

处理当前问题。有时，需要解决的问题是已知的，或者你的工作就是为了解决这些问题。有时，随着你对企业的了解，需要让别人也认识到这些问题。无论任何情况下，你的工作计划都必须包含合适的解决方案。

保证事务正常运转。保证一切事务正常运转，工作尽可能有效、高效、愉快，往往是一个巨大的挑战。重要的问题通常影响企业的各个部门，如薪酬管理，但很少受到关注。激进的变革没有必要，但往往可以改进。关注现有的问题，要让普通员工感到他们和少数明星员工一样受到重视，这样不仅能激发他们的工作积极性，而且他们也能给予你支持。

做事要仔细

平衡的工作计划不能只是纸上谈兵，执行计划同样重要，这就是明确规定时间节点的原因了。负责实施和评估计划的人员都应清楚时间节点，能看到你的成功。两年之期，是可以监控的，可以完成大部分工作计划。但要确保你了解企业的常态。如果企业有三年或五年的工作计划，你也要照章行事。别忘了要时时重新审视你的计划，看看是否符合最新的情况，或是否需要调整。

实现短期目标也应当是你工作计划的一部分。这些方案对你非常有利，也表明你的这种方法处理事务非常有用，你周围那些喜欢指天骂地的人也更难开口乱批评了。短期目标能为你的长期计划带来更多的支持和动力，也能向老板证明你的成功。

工作计划还应包括你实现目标所需的预算和员工数量、类型。提高这几个方面的估算是非常明智的，你能有意识地为谈判创造空间。毕竟，没有充足的资金、合适的员工，工作就无以为继了。要提前明确有多少谈判的余地。如果没有额外的人员、资金，就应适当调整计划，还要说明这一事实。永远不要尝试无法实现的目标，要专注于强调可以实现的内容。

不要低估制订工作计划的意义。当然，计划必须清晰可读、安排有序。只要你的想法需要数据支持，你就应该提供数据。制订完计划之前，先好好看看企业的其他计划。重要的是你的想法要引起支持者的共鸣。如果你写工作计划一直习惯用 PPT 或详细的 Word 文档，就不要换其他方式了。无论做什么，都要打上非常鲜明的个人烙印。

第8章

决策、优先级和谈判

the
50/50
method

绽放

TIPS

- 敢于决策。多疑或顺其自然都不会助你成功。
- 享受决策。珍惜必要的素质：勇敢、冒险、务实、乐观。
- 把时间花在有用的地方，专注于有重大影响的决策。
- 坚持优先级，不要因日常琐事分心。对别人的请求也做优先级安排，只答应要紧的事。
- 学会说“不”。口是心非的结果是筋疲力尽。
- 将谈判看作正常商务交流而非个人私事，即使在讨论自己的业绩时也是如此。

塑造清晰的工作流程就是你扮演领导角色时要做的事情。通过明确的决策，设置优先级，从而确定谈判中想要达成的结果。决策必须立刻执行，而且你的优先级必须让相关人员都清楚明了。否则，没有人会认真对待。同样，要认真对待谈判，谈判必须产生积极的结果。不要把谈判看作个人的事情，无论是让步还是接受，都要做好准备。

敢于决策

领导者每天都要作各种决策。这听起来简单，但决策过程往往被拖延。这不利于企业的发展，会打击员工的积极性，也有损领导形象。下列行为方式是错误的：

- 武断地肯定或否定，会让人怀疑领导没有深思熟虑，而只不过是懒惰、思虑不周、缺乏动力。

- 把事情拖到最后一分钟才作出决策，会对结果产生影响。
- 自己多疑，并且也把大家带得多疑。
- 安排他人替你作决策。

以下四种素质有助于决策的产生：

勇气。敢于向前看，觉得未来比过去重要，更关注于机会而不是问题。应该选择自己的方向，而不是被大多数人左右。这也意味着不选择稳妥或易行的目标，而是树立高远的目标，做出真正有别于过往的事情。

冒险。每个决策都有风险。对于领导者来说，不存在零风险区。不断排除风险会妨碍发展，一定要意识到风险能带来新的机遇。

务实。从各个角度考虑现实。不要因一厢情愿或否认现实而陷入困境。

乐观。如果想帮助企业设计未来，就必须相信未来有各种各样的可能性。积极为企业和自己的未来而努力工作，你就会成功，这种信心非常重要。

相信自己的成长是与乐观紧密相连的。必须关注于不断提高，而不是保持现在的高度。一方面，如果只做你能做好的事情，就等于选择了稳妥与安定，就会妨碍自己的进步。另一方面，如果你把重点放在学习新事物的能力上，就能更好地提升。那么你实现个人和工作目标的过程和结果就会同样重要、愉快。

决策要区分主次

不是所有决策都同样重要。是否有影响力意味着很大的不同。该决策的影响力要与你所投入的时间和精力，以及你让他人参与决策的程度相匹配。决策可分为四类：

表 8-1　决策的影响

短期 影响力弱	长期 影响力弱
短期 影响力强	长期 影响力强

根据表 8-1，显然应该把时间和精力花在长期的、有重大影响的决策上。不言而喻，有重大影响的决策要求所有人都参与意见。但事实恰恰相反，有时个人和团队往往在次要的决策上犹豫不决，但重要的问题总是在一次会议上就匆匆敲定。如果是这样，可以在设定团队日程时排出主次。然后清楚表明，必须把时间、精力和注意力放在有重大影响的决策上。上面的方法也适用于作个人决策的时候。

有了方案 A 之后，再准备一套方案 B，必然会提高决策的质量。在作重大决策时，试着将其分成几个部分，深入了解为各种可能的后果做好准备。当你认为自己作了一个好决策，而其他人有所质疑时，这简直令人沮丧至极。因此，你往往要考虑谁应当参与决策，也要看看是否有同事或者工作人员能够为决策作出积极贡献。及时向他人通报决策的进度：它是否仍在讨论的阶段，或者已经到了表决的时候了。让相关人员参与决策能确保达成共识，顺利执行。

玛丽安受聘为一家企业的总经理，该企业在多地为无家可归的人员开设收容所。前任总经理留下了一些问题：他与管理团队五名成员的合作方式存在许多不足。管理团队在前一年开过三次会议，每次会议都开了好几天，而会议所作出的决定要么没有得到执行，要么被前任总经理单方面撤销。玛丽安下决心与管理团队建立良好的工作关系。她也想花几天时间和团队“一起远离过去”，从而更加了解彼此，共同为未来规划路线。

在与团队成员讨论的过程中，玛丽安发现，前一年的几次会议中还有很多差强人意的地方。她对此表示理解，同时还宣布她打算用几天时间与团队一起对过去的工作进行总结。但她迟迟定不下日期，因为有几个团队成员令她十分头疼。如此，管理团队对未来路线的规划没能及时进行。玛丽安作为新总经理的威信迅速下降。她没有拿出任何果断的措施，反倒受那些让她无从把握的会议牵制。当最终定下时间召开会议时，团队成员因她表现欠佳而又没有及时拿出可行方案表示不满。玛丽安接受了这些批评，也坦诚地表明了犹豫之处。其他团队成员接受了这一点。总而言之，她赴任的开端非常不顺利。

成功执行计划

越想清楚自己想要得到什么，成功的概率就越大。要明确说明达成目标的必要条件。不要这样：我想写本书，一定要在明年写完。而是：我想要写一本共 17 章的书，每两周写一章，所以我会计划每两周写作 4 天，这样在 34 周内完成初稿。不要这样：我想减肥。而应该是：我想要在 5 个月减掉 5 公斤，食谱中戒掉糖、酒精和垃圾食品；两餐之间只吃水果和蔬菜；每周跑步 3 次、每次 30 分钟。计划越具体，就越容易执行，也就越容易实现目标。

练习：执行计划

抓住一个很重要，但还没有实现的目标。

写下：

- 为了实现目标，具体要做什么。
- 具体何时做。

你可以通过一个详尽的时间表来准确划分每一个步骤。

目标	打算做什么？	什么时候做？

设定优先级

想实现目标，就要不断设定优先级。如果安排得当，你为企业制订的工作计划以及为个人制订的个人计划中就会出现优先目标，这些目标对企业发展和个人进步是有价值的。你一定觉得这样的目标已经很明显了吧。

不幸的是，很多时候不那么好安排应该优先处理什么，现实生活常常是充满大大小小的各类紧急事件需要处理。但不要局限于眼前这些鸡毛蒜皮的小事，而是应当着眼大局，这点非常重要。除了看有没有价值，还有其他一些对于优先级设置的判断标准：

是突破性还是渐进性。检视计划的主体是属于渐进性还是突破性的。突破性的计划始终应该优先考虑，因为突破性的工作计划能引发实质变革。

是接受还是拒绝。设定优先级时，要不断作出选择，所以应该有意识说“是”或“不”。对重要的事情以及企业工作计划和个人计划中的事情说“是”，也要针对具体的事宜有策略地说“是”。例如，你可以负责一个能提升个人知名度的项目，或者你了解老板认为重要的事情。

说“不”，于女性而言更难。这是由一种错置的责任感造成的，即所有工作都需要完成，任何事情都不能忽视。第一次说“不”往往最难。但如果某项任务或项目不在你的优先级列表中，或者对你的工作规划没有价值，就要有意识地说“不”。如果可以提出备选方案，那么说“不”会更容易一些，人们还会觉得这个作法非常具有建设性。最糟糕的情况是你先答应下来，然后反悔，最后又不情不愿地做了。想想这要消耗你多少精力吧！

“10-10-10”方法。《哈佛商业评论》(*Harvard Business Review*)前主编苏西·韦尔奇（Suzy Welch）提出了“10-10-10”方法。这些数字分别代表 10 分钟、10 个月、10 年。任何时候你在考虑是否设置一个优先值时，都要考虑其 10 分钟、10 个月或者 10 年后产生的影响。显然，影响越长远的越应该优先处理。这类方法非常适用于制定长期目标以及制定重大决策（如分配预算），也有助于勾选日常清单中的“待做事项”。

设定优先级时，你也应该想到：优先级高的事情你付出的精力较多，所以执行效果比较好，而且对企业和个人发展都有帮助；而其他事情你可能不会投入那么多精力关注，所以执行效果可能就一般。毕竟，不是所有事都能做到尽善尽美的，顾及所有方面必定会殃及你的优先级安排。放弃那些次要事务能有助于你的优先级设定。通过把次要工作分配下去，你就能专注于自己的优先级工作，也能给下属提升的机会。而且，一些对你来说不再具备优先性、挑战性的事务，对你的下属来说反而可能是学习、表现的好机会。

这里有一个小窍门：就是用Excel做一个优先级安排的表格，带在手边。你可以把它设置成手机或平板电脑的屏保，或是打印出来放在桌子边、抽屉里或者公文包里。这样，你就能常常提醒自己要优先处理的事务。

巧妙谈判

如果想要实现你的优先级安排，就要多方谈判。比如要求增加预算时，女性通常把谈判当成私事而不是正常的商务交流，不属于她们要极力争取的事情。或者要求加薪也是个人的私事，而与职业表现无关。女性通常发现为自己提诉求比为别人更难。但如果你不提诉求，往往就得不到。

女性不习惯为自己提出诉求，这也是相同工作环境和表现女性的工资通常比男性低的原因之一，甚至在企业高层也是这样。美国 500 强企业中，同是董事会成员的女性，其平均收入比男同事低 18%。欧盟国家近 80% 的职业女性表示，不会主动要求加薪，而是希望经理认同她们的奉献。反观男性，要求加薪升职情况的比女性多得多。职场中的女性常常因为顾虑而被动接受处境，而男性往往可以主动选择处境。另外，女性较倾向于在谈判中掺杂个人感情因素，而忽略了其本质是无关感情的商业往来的事实。

结合对半法来看待这个问题，谈判恰恰就是实现个人和企业目标的重要工具。如果你想在谈判中取得成功，就应考虑以下事项：

- 视谈判为商务交流，而无关个人私事。
- 抛开所有的怀疑和情绪，从积极的心态开始。

（以上两种情感障碍，如果你能在准备谈判时全身心地投入时间和精力，会比较容易克服。）

- 设定目标。
- 清晰表达观点，尽可能多用数据。
- 设定下限。
- 探究对方的立场。
- 坚持理想的解决方案，但也要有可行的备选方案。

在谈判桌上，不要简单地从传达个人信息开始，而应深入了解对方。通过提问了解对方的关切点。即使对方的语调表现得不是很友善，也要对对方表示尊重，因为尊重不仅能缓和对方的情绪，还能为你赢得时间考量对方的心态，从而作出适当让步。营造亲切感，更能接近解决方案。毕竟，谈判是取与舍的游戏。在最后双方能达成一致的情况下，你要让对方感觉有意外收获。如果你必须定期和同一方谈判，这点尤为重要。但与此同时，你还要提醒自己，不能每次谈判时都率先让步。在谈判陷入僵局时，应该时刻想着自己的备选方案，不能把自己逼到只有一条退路的处境。

多年以后，如果你的业绩已经提升了很多，但是在申请加薪时仍被拒绝，你就要问问自己这份工作是否合适。但只要自己还没辞职单干，就要时刻保持强大的心态。同时，如果想要聘用某个薪资要求过高的人（你知道这肯定会在其他员工中引起不满），记住这个人并不是唯一有能力为你解决棘手问题的人。要勇于说“不”，再找找别人。

第9章

游戏规则和不成文规定

绽放

the 50/50 method

TIPS

- 遵守游戏规则，是唯一选项。否则，你只能坐在替补席上，永远不能得分。
- 参与游戏时，维护个人的信誉：对自己、对他人都是如此。
- 不要受困于妨碍女性晋升的假想障碍，比如“玻璃天花板”。真正的障碍数不胜数。
- 不成文规定在不同层面上各有不同，要将晋升之途看作是各类不成文规定的复杂组合。
- 确保玩转不成文规定，进而善加利用。

合作是成功的唯一选择。如果想成为游戏赢家，就必须不断提升技能，至少在你能自己制定规则之前是这样。在不牺牲个人信誉的情况下，理解并合理利用不成文的规定，为自己加分。

必须参与到竞争中来

每个企业内部的竞争环境都不尽相同。差异化的工作氛围决定了人们选择公平竞争还是营私舞弊。通常情况下，竞争的态势不会向极端化发展。但重要的是，企业内部的竞争不同于体育运动，它没有固定、明确的规则，所有的规则都是不成文的。不同企业内部的竞争程度不同。比如，董事会的内部规则肯定就跟食堂不一样。每一个入职进来想要有一番成就的人都必须尽快掌握企业中不成文的规定，只有这样才能成为竞争的有力参与者。

只要还想在企业中有更好地发展，就必须参与到竞争中来。抛开所处的大环境，只用你自己的规则玩别人的游戏没有任何意义，结果会像体育比赛中那样：不按照规则比赛的运动员最后不是坐在替补席就是更衣室里，反正只能在场外待着。

所以，在还是团队中普通一员的时候，不要想着单靠个人就改变游戏规则，否则结果往往是事倍功半。只有你成了队长或是裁判这样重要的人物时，才有资格改变游戏规则。那时只要你喜欢，就能用不同方式处理事情。在那之前，你必须和别人在一样的框架内遵守一样的游戏规则。

很多职场女性不愿意参与到企业内部的竞争中来，她们认为只要做好自己手头的工作就足够了。如果事业发展得不顺心，女性只会在工作上更加努力，而男性则会倾向于打“人情牌”。女性往往会忽视个人魅力的作用，在职场晋升的道路上，与人和睦相处的能力不可或缺。

女性也会用个人的道德标准作为不参与竞争的理由。这种情况下，自以为“做好分内之事”就是工作的全部，而忽视了参与到竞争中来，最后的结果就是所有的努力都是白费。坦率地讲：要想在企业中出人头地，参与竞争是唯一的机会。

“玻璃天花板”是一句空话

现实中，企业内部的竞争伴随着很多不成文的规定，所以想胜出也不可能一蹴而就。一般情况下，女性遇到的所谓“玻璃天花板”只不过是一句空话。想象中，你只需要一把锤子、一把梯子和一套护具。顺着梯子向上爬，遇到“玻璃天花板”的时候，抡起锤子，对准了，一举击碎！如果真的那么简单就好了。正是因为每个企业、每个层级都有不成文的规定，所以晋升之路才迂回盘旋，充满了明争暗斗和意外情况。

脸书（Facebook）的首席运营官雪莉·桑德伯格（Sheryl Sandberg）称这种晋升模式为“攀爬架”。如果只要一把梯子就能解决，那么就只有一条向上的路，但在“攀爬架”上，到达顶端的路径有很多条。美国学者爱丽丝·伊格利（Alice Eagly）和琳达·卡利（Linda Carli）用迷宫来比喻女性的晋升之途，认为女性必须尝试不同的晋升途径，有时还要经过未知领域，各种未知的麻烦会交织在一起。以上这两种观点都表明，尽快熟悉掌握企业内部不成文的规定并能加以利用是多么重要。但是要记住，如果遇到升职或者换岗的情况，那么你要面对的不成文的规定也会有变化。跳槽时这样的变化会更明显。

练习：发现不成文规定

写下 5 条影响你工作的不成文规定，标明你选择了解并运用还是忽略这些规定，认真思考成功应对的最佳方法。

不成文规定	了解并运用 / 无视	成功应对的最佳方法

维护你的信誉

在与不成文规定打交道的时候，有一件事应当摆在第一位——维护自身的信誉。首先，信誉要针对自身。做每件事要有充足的理由，要充满热情并从中获取能量。如果连你自己都不相信，基本上也无法让别人相信。其次，你在他人眼中的信誉度同等重要。这是权威和信任的来源，能让你在企业中获得支持。

赢得信誉不等于做任何事都以自我为中心。信誉不完全是一种感性的状态，有时候也非常理性。迈出可信的一步，前提是要走出舒适区。如果想取得成功，就必须改变自己，但是永远要保持冷静，想清楚改变的理由。

赢得信任对职场女性尤为重要，因为女性在工作中多少会面对一些尴尬的情景：待人太过友善别人会觉得你性格柔弱，不适合领导岗位；过于果断别人又会觉得你像个“女汉子”，也不适合领导岗位。总之，不管你表现如何，最后都一无所获。这种现象就是“双重束缚”。每个人都有自己的观点，想要在这些观点中找到平衡并不容易。

所以，最好从一开始就要面对你不会取悦所有人的事实。这样，事情就容易多了。把注意力放在个人信誉上，就不用总去担心自己够不够善良、够不够果断了，这样也避免了许多问题。由于女性在建立职业自信方面不如男性，所以她们在面对机会时不容易把握、多疑，自我评分也比较低。现代社会中，信誉是关键。对自己、对他人保持信誉，你的自信心才会加强。在运用对半法实现个人目标的过程中，这两点必不可少。

萨拉是荷兰某城市的议员，主要负责财政和经济事务。她有土耳其血统，像 20 世纪许多土耳其家庭一样，两岁时就随家人移民到荷兰。萨拉的前任在其 8 年任期期间财经政策遭受意外的挫败，留下了财政赤字。她仅用两年就扭转了局面，再次为这座城市创造了健康的财政前景。萨拉所受的教育赋予了她较强的国际视野，帮助她吸引到许多大型外资企业来这座城市开设分支机构。

但是，在她担任议员期间，许多有移民背景的穷人社区，一再出现紧张局势。市长仅仅因为萨拉有土耳其裔背景，就多次明确要求她出面解决这个问题，缓和紧张局面。萨拉每次都表示拒绝。“为什么要指望我钻过别人设置的障碍呢？”她有意选择做自己真正擅长的事情，从而维护了自己的信誉。

利用不成文的规定

如果你能掌握并运用不成文的规定，让竞争对自己有利，就能大大提高自信和信誉。有些不成文的规定非常具体，针对的是某个特殊场合或企业的某个级别；但也有很多规定是不针对某件事或某个结果的，而是关于做事的方式方法。这些规定会影响你的信誉，包括以下 17 条最重要的：

朝目标努力。确保你有清晰的目标，别人都了解，也支持。要始终清楚表明自己的个人目标对企业实现其目标是至关重要的。用具体的行动完成计划，然后向所有人表明自己的立场。

"在前场打球"。不要总是做幕后工作，而要积极参与决策的制定、实施和结果评价的各个环节，同时也要掌握参与的方式方法。如果一大群人都在做某件有趣的事情，你也想参与其中，只需问问你能否作为观察者加入，这样就能学到一些东西。活动结束时，你可以提出问题、给出建议；也可以主动召集一批人解决烦人的问题。

做改革先驱。企业的改革先驱对企业的显著变化和成功作出了高于平均水平的贡献。学识渊博、努力工作并不足以获取成功。一切都取决于你所取得的有形附加值。改革先驱的角色既可以是正式的，也可以是非正式的。

接受迂回的方法。实现目标的途径，即从 A 到 B，很少是直接的。从开始你就要想好以迂回的方式实现目标，并尽快找到迂回的途径。有时你的团队很难找到迂回的方式，要积极鼓励，尽量清楚地解释迂回的必要性。这有助于保持团队的动力。

一定要有备选方案。要确保有一个可靠的备选方案。否则，无论出于什么原因，只要原计划没有实施成，你都会因对企业无所助益而被解雇。更重要的是，如果你知道自己有备选方案，工作起来就会更平静、自信。

管理预期。一定要把你所期望的结果讲得清清楚楚。如果存在不确定因素，最好把悲观的前景讲清楚，而不要过于乐观。没人愿意被贴上“失败者”的标签。

珍惜非正式接触。每个企业都有正式和非正式的两套等级制度。职位高的人不一定影响力就大，对决策的支持通常先是非正式的。非正式会议往往最重要。正式会议之外与同事的接触往往比会议本身更重要。要为非正式接触腾出一些时间。这同样也适用于工作时间之外与同事的社交活动。那种场合下通常会交换一些重要的信息。要是被排除在外的话，就只能独自摸索许多问题了。

关注人际关系。要提出问题并致力于投入社会资本。不一定什么时候你就需要来自高层或基层的同事的支持。所以，在因工作关系接触这些人之前，你要先了解认识他们。在重要事件发生之前就建立联系，得到积极响应的概率会更大。

你提出的问题够坦率、开放，才能接近别人，才能从他们的答案中学到更多东西。问一些非常封闭的问题，就会受缚于自己的交谈框架。提出的问题够坦率而且无所偏依，才有更大的可能与人诚挚地交谈、相互尊重地接触。

开诚布公、直截了当。开诚布公是一张奇妙的名片，表明你信任他人，认真对待他人。口是心非、夸大其词的时代已经过去了，现在我们的世界因网络和媒体更加直观，了解真相更加简单直接。正因如此，犯了错更要开诚布公，直接说声“是我错了，对不起”。这样你既没有夸大，也没有忽视或轻视错误。不要含糊其辞，这只能导致误解。

做可靠的人。许下了承诺就要兑现。如果做不到，就实话实说，解释为什么做不到。否则，你承诺了却无所作为，还什么也不提，最后只会出问题。人们更倾向于依靠可以信任的人。事实上，可信度高的人在同事中更有威信。

消除成见。通常情况下，你可能还需要改变人们对你的固有印象。固有形象可能是长时间的。比如，在你职业生涯之初遇见的一个人，15 年后又在工作场所遇见，那么，这个人对你的印象很有可能还停留在 15 年前。你要自己提出来，最好在非正式、轻松的场合中。首先问问这个人是否对你有特别的印象。其次用几个具体例子推翻那种印象。最后再提出建议，你们一起共事，这样对方就有机会在工作的过程中调整对你的看法。

主动请缨。不要坐等被别人问到。如果有一个非常棒的项目，或者一个你多年来一直想要的职位出现了空缺，一定不要坐等。事实上，人们常常以为，如果你不主动提出要求，就是不愿意去做。坐等对你没有什么好处。

不要小看自己。别人赞扬你要报以真诚的感谢，不要使用谦词来描述你的表现或提议，千万不要贬低自己的观点，要以自然的方式呈现。

直接面对恐惧与疑虑。人人都会疑虑，偶尔也会担心失败。如果让恐惧和疑虑占了上风，你就无法进步。直接面对恐惧和疑虑吧，但不要夸大。否则，你不得已就要扮作“女超人”，监督每个决策的每个成果。没有人能做到这一点，也没有人认为你能做得到。每次你向前迈出新的一步时，总会心存一丝焦虑。事实上，如果没有焦虑的刺痛，这一步也许迈得还不够大。

作出选择。作出选择，重要的优先处理。职位越高，要作的选择就越多。那些直接影响他人的选择，既有积极的，也有消极的，不可能让所有人都能满意。

让别人看到你的成功。不要用谦逊掩饰成功。当然也不要认为你取得的成就都是显而易见的，要靠你来引起他们的注意力（详见第 12 章）。那些大大小小的成功，一定要大大方方地展示出来。

保持愉快的工作气氛。如果没有笑声，工作就会是极其繁重无聊的。带头大笑吧，工作在愉快的气氛中会好很多！

职位越高，不成文的规定就会用得越得心应手。但千万不要大意，新的不成文规定随时可能突然出现，而你不可能马上认识得到。这种情况也出现在你的外部联络上，确保你始终能精准感知。只有升到最高的职位，你才有权力忽视、改变甚至摆脱不成文规定。

第10章

威信代替权力

TIPS

- 如今一切都与威信有关。威信是靠自己争取的，而你是否有威信由别人说了算。
- 千万不要期待员工做你能力范围内的事，你担任领导是有原因的。
- 千万不要替员工工作。否则你就成了他们的同事，而不再是领导了。
- 确立一个团队目标，并得到所有人支持。
- 团队会议应该有明确的议程和决策流程。准时开始，准时结束。
- 知道如何让老板有所行动，向上管理是你成功的关键。
- 难缠的人和艰难的处境常常是你成功之路的绊脚石，要面对这一现实。学会如何处理，你的威信就提升了。

如今一切都围绕威信运转，只有权力就不够了。威信不像权力，不能强加要求，只能自己争取，有没有威信是你的同事说了算的。如何与团队合作，如何向上管理，如何处理困难——这些都会树立或破坏你的威信。威信已成为你成功的标志。

一切都与威信相关

每次结识新朋友或进入新环境，就必须要建立威信。成功与否取决于你对周围人的投入。如果因为“这是你的工作”，只打一张权力牌，没有咨询周围人的意见就贸然决定，那么旁人对你表现出冷漠怀疑，你也不要惊讶。然而，如果你跳出过去的方式，让人们参与讨论，让他们相信你的观点与方法，你就能获得信任。信任孕育威信。事实上，你与周围人建立的信任越多，你的观点就越容易获得赞同。

随着我们生活的世界越来越平面化，更多的人接受了良好的教育，威信就越发重要了。互联网及后来出现的社交媒体完全刷新了透明度的概念，由此产生的文化接受性、平等性、互动性都很强。互联网的透明度已经成为标准。对年轻一代来说，这种发展为他们的交往方式定下了基调，也决定了他们所向往的交往方式。

仅靠头衔和权力与同事、员工打交道已经不够了。企业管理不再是闭门造车。人们不再接受被告知任务内容、时间节点和做法。如果强行分配任务，通常会遭到抵触或消极怠工。芭芭拉·凯勒曼（Barbara Kellerman）是一位美国教授，研究领导力领域，她就这一演变过程写了一本具有开创意义的书。书中写道，中心舞台不是为领导设定的，而是为追随者准备的。她总结道，企业顶层的权力和影响一直在降低，而中层、基层员工的权力和影响力在不断上升。这是因为这些岗位上的人都开始相信自己也被赋予了权力和影响力。他们要求的更多，付出的更少。以前的下级不断崛起，而“老”上级的地位正在倒塌。因此，领导能力要比以往任何时候都需要努力争取。

新时期，形式上的权力不再重要。无休止的人际关系投入是默认选项，不断构建和维护关系成为日常生活的重要组成部分。以人为本，人脉投入已成为取得成功的条件之一。在正式会议之外建立人脉至关重要。这可以是自发拜访他人，比如，养成每周和不同人共进午餐的习惯，也可以是简单地问候他人。在任何情况下都建议大家有意识地在日程表中为此预留时间。在用对半法实现个人和职业目标的过程中，良好的工作关系非常重要。

人际关系的好坏最终决定威信的高低。女性在这方面优势和劣势并存。女性的优势是她们更习惯于向他人咨询、让他人参与到事务中来。这种包容性的领导风格更加适合新时代，对树立威信至关重要。劣势是那些高大强壮、声音低沉的男性更容易显得有威信，而身形娇小、声音较高的女性看起来威信弱一些。

练习：工作关系与成功

列出完成工作计划和个人计划所涉及的同事，检查是否已和这些人建立了非正式的工作关系。

工作关系是指遇到形形色色的问题时，你与某些人能够相互帮扶。或者说得再消极一些，在工作关系上下功夫能够消除一些人对你的想法和工作方式散播不利的言论。你可以和企业中任何级别的任何人建立工作关系。依靠大圈子要比依靠小圈子更明智。

涉及的人	未联系的人	偶尔联系的人	工作关系

把对你取得成功至关重要和能为你提供支持的人写进表格。不要只凭职位高低来分类而低估基层员工。对于建立威信来说，你在同事中的非正式地位比你的正式职位重要得多。有时，工作多年的食堂员工会有更大的威信。与刚刚履任的执行董事会大人物相比，他们可能是更有价值的信息来源。

涉及的人	至关重要的人	提供支持的人	无联系的人	偶尔联系的人	工作关系

当领导要名副其实

领导一个团队甚至整个企业的人有很多称呼，比如主管、老板、经理，或者领班。这些称呼都说明某人拥有的正式职权，却与这个人已经树立起来的威信无关。这些称呼有一点共同之处：都是负责整个团队的业绩。对于当上领导的你来说，很简单：别人是具体干活的，你是负责的。为了履行职责，你不得已要影响他人，这时你拥有多少威信就是关键。

掌权实际上是一个巨大的悖论。你要对别人每天做（或不做）的事负责。因为这个悖论，领导反而可能是一种充满压力的工作。这里最大的陷阱就是你替他们干活。不要这么做！即使你觉得自己能做得更快、更好。如果你发现委派任务很难，或者更糟的是，仍然喜欢亲力亲为，马上住手吧。这时你扮演的就不是领导角色了，你的下属也不会进步了。你也要接受这样的事实：员工永远不会像你预期的那样做事。正是由于你的能力更强，才走上了领导岗位，所以，不要期待你下属的员工能像你一样做好每件事。接受这一点是作为领导学习的第一课。

要接受别人的行为方式和你不同，这确实需要一定的阅历和智慧。这里再强调一下，放弃个人的道德标准和参照系是与人愉快合作的重要条件。顺便提一句，成熟和智慧无关乎年龄。有的人 25 岁时就已经掌握了如何管理公司，而有的人都 65 岁了还把事情做得一团糟。

另一个陷阱是，你以为与团队中每个人都搞好工作关系，就想当然地认为与整个团队有良好的工作关系了。但这根本不是一回事。如果你想和团队同获成功，就要特别留意团队的工作方法。

要与团队共进退

优秀的团队源于员工适当的组合搭配。每个成员都必须愿意而且准备好在团队中合作。团队协作必须要优于单个成员工作业绩的总和。有些人擅长单打独斗，这本身没什么问题，但这类人不能加入团队，因为团队合作才是成功的核心。

团队必须由不同类型的人才组成。首先，该团队应当具备承接团队任务所需的所有能力。其次，团队成员应呈现出多样性。既要有经验丰富的人，也要有经验较少的人；既要有善于创新的人，也要有善于分析的人；既要有勤于思考的人，也要有勤于行动的人；既要有专注于内部的人，也要有关注于外部的人。每个人都应培养解决问题的能力，并以结果为导向。最后，团队的性别和年龄结构也应呈现多元化。比之于成员思维方式相似、单一的团队，越是多元化的团队，原创性就越高，看待事物的观点就更加新颖，错过的东西就更少。

在创业初期组建“梦之队”要比创业一年或数年后容易得多。初创时每个人都期待改变，更加开放、更愿意接受改变。如果你从一开始选择安于现状，后来再于团队中实行变革，阻力会更大。所以从一开始，你就要考虑团队需要什么。团队成员是否适合你的目标，决定你是否需要新的人手或者替换哪些团队成员。可惜不可能存在100%完美的团队。就在你觉得已然准备就绪时，也许核心人员离职了，也许有人得了重病，也许有人决定要转岗到其他部门。

一个团队想要干得出色，重要的是有共同的目标而且人人为之奋斗。团队成员不仅应各自为各自的任务负责，而且应作为一个整体共同负责。荣辱与共是关键。为确保一切顺利，应明确以下三点：

- 明确每位成员的角色和对彼此的期待。

- 明确团队的运作方式。
- 明确决策方式。

管理团队的方式很重要，要公开、透明、清晰，这样，人们就知道了你的立场和期待。要关注所有的团队成员，而不仅仅是那些提出要求的人。要想如实地评价每位团队成员的表现，也应该这样做。如果你有批评意见，要尽可能说清楚怎么做才是对的。假设某人总是晚交文件，你一遍又一遍地说文件交迟了，要准时提交，但是仍没起到作用。那么，就应询问该成员，他是否需要帮助以确保下次准时提交。

千万不要拿团队成员作比较，也不要让人觉得你偏爱某位成员。这样做只会引起团队成员的不满。如果你提出表扬，就要就事论事，而不是就事论人。所以，如果有人解决了一个难题，不要说："太棒了。我就知道你这个人一直是靠得住的。"而应说："很好。我们按时收到了这份报告。你是怎么做的？我们可以从中学习一下。"你以这种方式表明工作的完成是可控的，而团队成员的个性则更多是一种既定的东西。

团队会议必须要清晰透明。议程必须明确，每一条都要明示是需要个人决策还是集思广益，每个人要有平等的发言权。讨论不应由一两个人主导，要准时开始、准时结束。每个议程条目应阐明结论以及具体执行的负责人，避免后期出现误解。身为会议主持人，你的作用至关重要：要确保每个人在会议结束时，对集体讨论和决定的内容都有积极正面的感觉。实现了大目标时的庆祝必不可少。仪式能给人以慰藉、稳定的感觉，让人们团结起来。

威尔玛被任命为一家荷兰跨国食品公司法国分公司的总经理。在面试中，她要在法国这个重要市场中提高业绩的热情和想法吸引了面试官。满怀激情地上任后，她立即实施了一种新的工作方法，还组建了一支新团队。结果虽有所改善，但比预想的要慢。

她向团队施加了很多压力，只要求他们多做多干，但没有和大家讨论怎么做。在团队会议上，威尔玛总是大谈如何提高工作效率。这么做的结果是偏离了会议议程，几乎没给别人留出时间汇报上次会议决策的执行情况。她的步伐还总是比其他团队成员快出去三步。虽然形势还在改善，但一年半后，威尔玛还是被公司总部解聘了，原因是她的团队对她没有信心。

向上管理

成功不仅要依靠你的团队，还要依靠你的老板。负责监督你业绩的人——包括你的主管、经理、上级——对你的业绩以及你能否成功都是至关重要的人。不用说，你必须与这个人建立良好的人际关系，这并不容易。说起老板时，女性总要陷入一厢情愿的境地，幻想这是一位完美老板。然而，你这么做，难免会造成工作关系中的距离感，良好的合作就会遇到巨大的障碍。最好假定老板就是他现在的样子，他不会改变。如果你想建立良好的工作关系，就要找出对他来说是举足轻重的东西。

哈佛大学两位学者约翰·加巴罗（John Gabarro）和约翰·科特（John Kotter）曾在《哈佛商业评论》发表了一篇关于向上管理的开创性文章（*Managing Your Boss*），首次从员工的角度研究如何有效地与上司打交道。这篇文章后来被收入《哈佛管理文摘》成为最畅销的重印本之一，到现在依然很有意义，其核心观点就是发现让老板有所行动的办法。

着手为新老板工作时，重要的是尽快弄清楚一些情况。要了解老板的主要目标，以便协助他实现；要了解老板的优点、缺点和盲点，这样你不仅可以向他学习，还可以在必要的时候提供补充；也要了解老板身上的压力：是什么样的人、什么样的机制主导了他的日常活动？问问他喜欢怎样的工作方式，比如有的人愿意从 PPT 上获取信息，有的人则愿意听口头汇报。

你也应说清楚自己的期待和需要老板帮助的地方，让他随时了解最新情况。有坏消息最好尽快告诉他，别在他不方便的时候才让他发现实情。你主管的业务出了问题，应当由你亲口汇报，他也必须随时能应对他的上司可能提出的问题。占用他人时间要慎重，不要总是提问题，最好也能提出解决方案。这比单纯抛出问题更有可能产生良好的对话。

你与领导之间的相互信任也非常重要。当然，只有他知道你在做什么、全力支持你的目标和优先安排，并且在觉得你对他的未来计划有用时，你们之间才有可能实现相互信任。最后一点，人们常常觉得凡事要依靠老板，你要认识到这种依靠是相互的。如果他要实现计划，他需要你，正如你需要他一样。如果工作关系开始恶化，就意味着某一方的计划会受到影响，若是“后院起火”，成功就无望了。

如果事情陷入困境

你和老板、团队或者同事之间总会产生摩擦。不管喜不喜欢，我们都要应对棘手的人和事。

拖后腿的人。职位越高，工作和私人生活中越可能出现某些人无法跟上你的节奏的情况。这本身没什么错，但如果他们故意拖后腿，就另当别论了。这通常表现为对你的下个步骤主动给予消极的建议或是贬低。“为什么要写书？为什么不先写文章呢？”或“现在租新办公室有风险，我可不会这么做。”要尽可能地认清这些人，别让他们影响你。但也要留意，你的位置越高，这类情况就出现得越频繁。除非你打算放弃事业的成功，否则你不得不疏远身边的这些人。

麻烦制造者。如果突然派你去管理之前平级的同事，他们不一定都高兴，嫉妒和怨恨难免会左右他们的态度。你不可能像过去那样对他们敞开心胸、亲切友善。遇到这种情况，你的行为举措要目的明确，始终如一，最重要的是不要和他们太过意气相投。这不仅无助于你的处境，还有损你的威信。此外，既然现在你是负责人，他们很有可能会对你有不同的意见。毕竟，你要以一种不同的方式看待他们。应该把重点放在结果上，还要表明你对所有团队成员一视同仁。适当的场合下，慷慨地赞扬别人，毕竟大家都喜欢为经常肯定自己工作的人干活。

竞争与冲突。有些事情你在职业生涯中迟早要面对，一旦发生，不要被它左右。如果发生了冲突，总会对你个人还有人们对你的评价产生负面影响。要始终善待那些与你发生冲突的人，还要努力找到冲突背后的真正原因。如果开会时有人与你针锋相对，你要不断提问，不要总是辩驳。要确保有同事能站在你这边帮你说话。

令人痛苦的局面。你会遇到很多令人痛苦的局面，其中一些是你自己的决定造成的。担任领导时作出的每个决策都会产生后果。你的职位越高，后果就越严重，无论是正面的还是负面的。作出痛苦的决策是工作的一部分，你无法摆脱痛苦，但是可以清楚认识这个决定：何时作决策、为何作决策，以及会对相关人员产生什么样的后果。例如，在重组团队的过程中，你必须解雇一些员工。用这种方法，确实可以避免很多不确定性。不要文过饰非，这会让人觉得你不可靠，事实上也会有损你的威信。

推翻决策。推翻决策也非常困难。不要养成习惯，总是朝令夕改，因为这也会让人认为你不可靠。然而，有时又无法避免决策被推翻，比如环境发生了剧烈变化的时候。再强调一下：如实相告。如果你理由充分，人们会理解。而你能敞开心胸、言辞清楚，所表现出来的勇气反过来也一定会提高你的威信。

第11章

时间和精力

TIPS

- 确保有适度的正能量。摆脱消耗精力的人或事，珍惜激发能量的人或事。
- 保持身体健康，才能在工作中表现出色。所以，要保证充足的睡眠、健康的饮食、适度的锻炼与放松。
- 如果想在工作和家庭生活中有尚佳表现，就要争取到最大程度的支持和协助。
- 聘请或解雇员工时绝不妥协，这类妥协只会空耗精力。
- 学习如何规划时间。在日程表中安排一些空闲的时间段，这会带来内心的平静。
- 确保日程表体现出你的优先安排，学会拒绝你的日程表以外的事才会有效。
- 对于个人计划和工作计划中的优先安排投入对等的时间和精力。

精力充沛可移山，精力不足寸步难，纵有时间也枉然。所以，你要避开耗费精力的人和事，关注能激发你精力的人和事。想要充分发挥领导作用，就需要大量的正能量。不管在工作单位，还是家里，都需要获得最大程度的帮助，还要高效安排时间，这样才能让你有出色的表现。

摆脱消耗精力的人或事

只有正能量才能创造成功。另外，负能量比浪费时间的害处大得多。浪费精力也是多损无益。所以，耗用精力要尽可能谨慎。无论是工作上，还是个人生活中，精力是每个里程碑、每次成功以及每段快乐时光的源泉。

你要有精力以全新的视角处理事务，想出新点子，激励身边的人，让他们对你的方案充满热情。换句话说，你工作的突破性内容，也就是你能创造成功的那部分，完全依赖于你的精力。激发你精力的往往是你擅长，或可以不费吹灰之力就能推进提高的事物。另外，如果你想在不擅长的领域达到一定水平，就需要耗用大量精力。假设你擅长对外沟通，那么，你在企业对外合作方面就更能轻松实现高远的目标。如果你厌倦了在企业里反复讨论财务问题，你当然可以考虑学习一门财务管理的课程，也可以选择把财务问题交给一位优秀可靠的员工，这样你就能专注于你所擅长的方面。

精力太重要了，所以了解如何保持精力充沛、激发潜在能量也非常重要。这涉及的问题可能非常广泛。比如，你要保障充足的睡眠，才会有充沛的精力；尽量要多与那些激励、欣赏你的人交往；每次会议都要产生积极的结果。否则，要么就是精力不济，要么就是白白消耗精力。

练习：激发和消耗精力

想想生活中何人何事最能激发或消耗你的精力。相应调整优先级和时间安排，就能释放出更多的正能量。

	激发精力的事	激发精力的人	消耗精力的事	消耗精力的人
工作				
个人生活				

如果把精力投入到激发能量的人和事上，无论实现小目标还是大目标都会很轻松，也能过得更快乐。自律、组织能力和意志力是必不可少的。缺乏自律，就无法专注于激发能量的人和事；缺乏组织能力，就不能把时间优先分配到激发能量的人和事上；缺乏意志力，就没办法全然摆脱那些消耗精力的人和事。

保持健康

要想精力充沛，重要的是身体健康。其中四点非常重要：睡眠、饮食、锻炼和放松。

睡眠。当今社会，每天不到 8 小时的睡眠时间你还忍受得了，似乎很酷。在许多企业的高层，似乎还存在一种工作文化：睡眠不足，仍能工作，工作日程还排得满满的，是正常现象。其实可能大量时间都用在收发电子邮件上了。确实，一些人长期睡眠不足还能扛得住，但是大多数人睡眠不足就会陷入长期疲惫的状态。充其量，他们只是疲于应付常规工作，根本没有精力投入变革，企业的进步越来越小了。所以想要精力充沛，绝对需要充足的睡眠。

饮食。食物是人类最重要的营养来源。健康饮食可以提供能量，不健康的饮食则让人疲乏困倦。快速补给，比如喝杯咖啡或吃点糖，不管多么美味，也不能真正起到作用，只能暂时让你不再困乏。每个人都知道水果和蔬菜非常重要，但人各不同，所以找出哪种食物能长时间提供充足的能量很重要，寻找最适合你的饮食节奏，也非常重要。

锻炼。运动能让人体型更好，提供更多的能量。更重要的是，运动能助人清静、放松，保持健康。生活本就忙碌，找时间锻炼非常困难。因此，应选择一些适合你生活方式的运动。也许多散散步就很适合你。不要把目标设得过高。如果你只打算跑跑步，就不用朝着马拉松的方向努力。有些人习惯在工作上为自己设定高远的目标，在锻炼上也有同样的倾向。如果轻而易举就能做到，也没有什么问题。但更常见的情况是，每周锻炼几次，根本做不到，因为他们的目标太难实现了。

放松。放松就是把工作和其他所有的职责放到一边，做一些真正喜欢、能激发能量的事。有人选择林中散步，或跑上五英里；有人喜欢家庭聚会或听场古典音乐会；有人愿意看小说或读报纸。因人而异吧。通过什么活动来放松并不重要，但要有规律地放松，不要忽略放松，也不要让工作挤占放松时间。会放松的人更能远离工作，这样他们就能用新颖、敏锐的想法看待事物。

争取最大程度的帮助

如果在家庭和工作方面都想有最佳的表现，那么你需要争取到最大程度的支持和协助。毕竟，你要把精力用在对你有所进益的事情上。这就是说，你不能事事亲力亲为，必须把事情分派出去让别人来做。让每个人都负责自己擅长的工作，这样效率更高。在家庭生活中，如果请来的家政人员时时忘了洗碗，你最终还要自己洗，这样可不行。你需要一个可信的人来完成这类事务。你不能找人替你去看孩子的足球比赛，但可以找人替你参加学校的游乐活动。可以在任何地方买到的东西，就没必要连夜赶做。虽然想要把所有事都做到尽善尽美，但也需要一个缓解压力的良方，原则是把你能购买的东西、能委托或留给别人做的所有事务都分清。

工作上也是一样。这里还是要有衡量标准的。你身边的人，如你的私人助理和财务总监必须善于自己的本职工作，这样你才能取得成功。要找到优秀的人很难，但要想实现目标，这一点至关重要。所以在招聘和解聘员工方面绝不能妥协。你一旦妥协，只会耗尽你的精力。

也要认真考虑哪些任务可以派工、外包或者干脆停掉。人们有 40% 以上的工作时间都用在那些成就感极低、委派他人就能完成的工作上。你可以转而尝试那些能给企业和自己带来附加值的事情。在规避风险的企业文化背景下，企业有时很难做到这一点。在这样的企业中，上级总想把员工已经完成的工作“再做”一遍，或者继续亲力亲为。你无法凭一己之力来改变这种无处不在的企业文化，但即便如此也要尽可能做到。

珍惜时间

时光一去不复返。珍惜时间、管理时间很重要。更重要的是，充分利用时间，你就能获得能量，而浪费时间就是消耗能量。事务的轻重缓急必须清晰地反映在你的时间安排上。关键的是腾出时间实现个人计划和工作计划的主要目标。个人计划和工作计划都必须得到同等的重视。

日常事务是最大的陷阱。耗费时间最多的往往是日常事务，不仅仅是因为这些短期事务一般相对容易处理，还因为这些事务是大多数员工所关注的，他们常常向你询问各类有关的问题。但如果时间和精力都用在这些问题上，你就永远不会有所作为。要成功，你就更要关注最新动向、解决问题和创新之类的事务上，即突破性的问题。

你的日程表上不能事事都写，而应按照轻重缓急排序。如果你列得不清不楚，很容易就被淹没在日常事务中。此外，设定优先次序，还能帮你作选择。这样的话，就可以在无关紧要的事情上少用些时间。千万要记住，不要妥协。有些事你根本不该做或不必做下去。不要什么事都要试一下，这是无用功。一天只有 24 个小时。只有分清轻重缓急，才有可能成功。私人生活要想过得开开心心也要分清主次。如果你把时间用在你看重的人和事上，就更容易实现目标。

布伦达刚刚接受了一个政府部门的领导职务，当上了公务员。她出身商界，事实上这是第一次有公共服务部门之外的人员被任命到这样的高位。政府部门的组织工作灵活度小，许多人担任一个职务多年不动，成绩也不甚理想。布伦达受命改变这个现状。她从前任那里“继承来”一位秘书，这位秘书已经在该岗位上工作了 12 年。最初布伦达非常高兴，因为这位忠诚能干的秘书可以告知布伦达这个单位里她所不了解的情况。

但几个月后，布伦达想要将计划付诸实施时出现了矛盾。很多她认为不重要的事情频频出现。这就意味着，她为新计划做的时间规划慢慢遭遇到压力。她的秘书还是按照以前的方式，遵循“旧”的优先次序。布伦达已经投入大量的时间争取该政府部门的高层来帮助自己推行新计划，但忽视了秘书的工作。因为刚开始一切进展非常顺利，她就认为秘书自然会按照新的优先次序来安排事务。最后，布伦达和秘书为执行更长远的计划多次交流、每周商讨一次，还好，问题解决了。

规划时间

如果你明确知道第二天要做什么，提前安排好优先次序做事就容易得多。简单地说，就是确保你要有每日计划。这样，一天下来就大大增加了成功的概率和成就感。你也可以按照同样的方式，规划一周、一个月甚至一年的计划。在你的计划中，优先次序的时间安排必须一目了然。如果你不以简洁的方式来规划，要想完成目标就非常困难了。

当然，总有些事情是预想不到的。所以你可以提前预留一些时间。但这些事情发生了，你要区分主次。重要的事才值得花费时间和精力，不太重要的事应当快速高效地处理掉，从而避免耗费太多的时间。比如，有人来询问一个不太重要的问题，你要一直站着跟他沟通，不要坐下来。这表明你想快速果断地讨论这件事。

练习：创造时间

如果你感觉工作堆积如山，就想想下列问题：

- 假设周末办公室着了场火文件都被烧毁了，你最需要补救的是什么？
- 什么事情必须今天做完，不能拖到明天？

是不是你的“待办事项”列表一下子就短了很多！

规划好时间不仅有利于你实现小目标和大目标，而且能让你有条不紊，跟踪每件事。如果是由别人安排你的日程，或者你的日程里与别人有约，让他们了解到你的优先安排就非常重要了，这样，次要的事情突然出现在日程上，也不会耽误重要的事。为了最有效地利用时间，需考虑以下内容：

先处理麻烦事。这也包括你反感的事或者觉得棘手的事情。原因很简单，这些事不但耗费精力，如果拖下去，还会耗尽你的精力。解决这些事情能激发能量。麻烦事拖得越久，困难就越大，耗时就越多趁早解决，别让这些事挡道。

不要浪费时间。每家企业都存在浪费时间的人和事。系统清理所在企业、所处职位上浪费时间的事务，会有很大好处。例如，不断重复出现的危机，如果能处理得当，又能吸取教训，就可以避免再次发生。造成浪费时间的情况还有会议太多，或者是企业信息没有有效发布，大家只能自已想办法等。解决浪费时间的事情，也能让你腾出更多的时间，专注于真正重要的事务。

定期检查邮件、打电话。发送邮件和接打电话是现在最浪费时间的事情。立即回复邮件或者回拨电话，都会打乱你的工作秩序，而和别人讲话时回邮件、打电话，不仅是没有礼貌，还让人觉得那封不明所以的电子邮件比正在讨论的事情更重要。彼此的专注程度就小了。如果召开会议的过程中，确实需要处理非常重要的事情，那就提前礼貌地解释清楚，道个歉。每天定时回复邮件、接打电话，也能让人有条不紊，掌控好每件事的进程。

会议要简短。一般情况下，一次会议至少需要一个小时——这是大多数日程安排上都要预留的标准时长。你主持的会议也可以只用15或30分钟。这样，每个人都可以直接处理手上的麻烦事，都能专注于主要事务，遵照会议决议更加迅速地工作。

要懂得拒绝。只有常说“不”，体现优先次序的时间安排才能不受干扰。学会对某些事情说“不”，实际上是对自己说“是”。如果你对每个人都说“是”，就会造成这样一种局面：只考虑别人的大事要事，却把自己的要事放到了一边。如果老板一直给你增加新任务，你可能很难拒绝。这种情况下，你必须清楚，做了A，就没时间做B。建议你向老板说明为什么B应当优先于A。一旦划清职责界限，你的优先次序就非常明显了。这通常会提高相互尊重的意识。每个人都有职责界限，而界限清晰会更利于开展工作。但是，如果你没有设限，就不要怪别人不尊重你的界限。

忘掉完美。千万不要追求完美。追求完美的结果会让人沮丧，更糟糕的是，会让人陷入停滞不前的状态。期待员工表现完美也会产生类似的后果。这通常会导致“恐惧文化”，导致工作任务不能按时完成，因为人们总是在问自己“这够完美吗？”追求完美的潜在动机往往是恐惧，是想掩盖所有可能的负面后果。但追求完美会吞噬掉所有的时间和精力，因为追求完美不会带来太多的满足感。

在家工作一天。每一周或两周在家工作一天，能让你摆脱忙碌的办公环境。你确实需要有远离办公场所的时间，这样的话，首先可以放松一下，但更重要的是可以关注具有突破性的事务，即那些可以带来变革与成功的事情。在办公室时，也不要把时间排得满满当当。要预留一些空闲时间，决定或者仔细考虑事情，你也可以放空自我，和同事聊聊闲天，或者干脆抽时间集中精力做一个 PPT。

维护好你的私人优先安排。你的私人优先安排总是让工作打乱，这太让人郁闷了，所以要好好维护。然而，在工作重于私人生活的企业文化中，或者女性需要时间做私事会遭到嘲笑的企业文化中，维护私人优先安排更难。这种情况下，你不能参加公事的理由还是不要讲太清楚。不要说，“我得去接孩子”；要说，“我已经有安排了”。说话时要坦然一些，大家就很有可能认为你有件棘手的事要处理。随他们怎么想吧，只要让你处理私事就行。

为自己安排自由的时间。周末要给自己留出些时间。如果工作安排紧，私人生活安排也很紧，那就很难放松下来。每周一定要留出至少半天的时间，随心所欲地去游泳、睡觉、读书或者只是瘫在沙发上，这些恰恰是你充电的时刻。自由能激发你的能量。

避开紧迫的时间段。如果你总要面对时间紧迫的情况，那就仔细考虑一下，换种方式安排事务吧。比如说，通常情况下，很多女性上午总觉得时间紧迫。那么，当天稍晚一点再安排会议解决难题吧。这样会好一些，你就不再那么紧张了。

不要感到内疚。有一点额外的工作需要加班，你知道真的应该处理一下，可是你没有，空出的那个下午你陪孩子了。对于以上的事你感到不安，但这根本没有用。千万要记住，家长高高兴兴，孩子才会幸福快乐。对孩子来说，家长每周工作 15 小时还是 50 小时没有什么区别。工作上也是这样，你的员工和老板更希望你热情放松，而不是紧张兮兮、劳累过度。

运用对半法。始终牢记于心的是，你工作的意义对企业和个人而言应有所平衡，应各占一半，分配时间也应该这样。个人计划的优先安排和工作的优先安排同样重要。女性有时更希望能帮到别人。但在工作上，这种想法很快就会让你负担过重了。除了好好规划、学会拒绝、不要追求完美以外，有必要在面对每个要求时问问自己："这对我来说有什么好处？"对利己的事情说"是"，向有利于他人或者企业、但不利于自己的事情说"不"。要求你无偿承担的事情，也是同样的道理。只要对你有好处，就应当去做。但通常情况下你要做好牺牲自己的准备，其他人也是一样。要记住，牺牲自我永远得不到回报，不会加薪，也不会让你评上优秀员工。比如，在荷兰，很多女职工每周只拿四天的工资，实际上却要整整工作五天。争取全额薪酬、每周在家工作一天，很多情况下是更加明智的选择。

第12章

存在感

绽放

the 50/50 method

TIPS

- 要不断刷存在感。如果没人知道你在做什么，你就永远得不到晋升。
- 不要害怕未知的事情，要以之为机遇。
- 跟踪并解决问题，解决棘手的问题有助于成功。
- 如果想推广你的计划，就要多提出问题。说服别人永远都是一个双向的过程。
- 不断向别人介绍你的短期目标和长期目标。
- 要把会议和演示文稿当成展示工作成果的窗口。
- 要在整个企业中为你的计划争取支持。
- 要在企业高层为自己的下一个职业发展目标争取大范围的支持。

成功的前提是你本人的价值和工作成绩被大家看到。也就是说，解决疑难问题并将成果公诸于众，或者为你所有的短期目标和长期目标制定推广策略，保证“存在感”。但请注意，推广与发送不同，推广必须双向沟通。否则，你可能会忘了争取亟需的支持。

存在感至关重要

你的工作可能非常出色，但是如果没人看到你的成绩，对你的发展也丝毫无用，存在感至关重要。因此，让人看到自己做的事情和做好本职工作同样重要。许多女性深信，只要努力工作，把工作做好，得到认可进而嘉奖升职就是水到渠成的事。可惜这只是一种误解，结果必然导致失望和沮丧。在应用对半法的过程中，让人注意到你的工作应当属于常规操作的一部分，只有人们能同时看到你的个人价值和工作成绩，你才能在工作的同时兼顾自己的利益。

第一份工作可以是个例外，不必关注存在感。许多企业有意寻找愿意做幕后工作的年轻人。如果你做的不是第一份工作，就该高度警惕了，类似情况不能有第二次。三十岁以上的人必须要关照自己，有意识地让人看到自己的业绩。你的老板、同事或者下属和员工不可能什么都知道，你要让他们知道你在做什么。

成功不只代表某一个结果，而是许多小的成绩积少成多、集腋成裘，另外还取决于取得成功的方式。这关乎管理改革、振奋勇气和处理困境的能力。所有这一切都有一个前提条件：你必须乐于接触新事物，探索未知领域。要聚焦机遇，同时勇于面对挑战。当然，你会遇到各种各样的困难，但是不要轻易（当然更不能常常）让别人察觉到你的困难，否则不仅不利于树立威信，还会降低成功的概率。

从一开始要明确你的方式不仅会给公司带来什么好处，还要知道对你的个人发展意味着什么。女性常常在有 100% 胜算的情况下才会尝试新鲜事物。惠普公司的一项研究表明，男性在只有 60% 的可能成功的情况下就会采取行动，而女性却一直在犹豫自己是否已经准备好。其结果只能是长时间的等待，白白错失大好时机。更好的方法是问问自己，是否愿意迈出下一步，是否在新位置上有信心处理接下来的事务。

处理问题

处理问题总能带来新机会，所以你应当积极追踪问题，力求解决。困扰多年的问题最终要是得以解决，大家都会很高兴——这样的经验之谈可以提升你的存在感，助你成功。起初，你处理的问题可能只是计划单上原有的问题，但是随着对企业的深入了解，你还会不断发现新的问题。

有时，有意识地追踪问题非常有用，尤其是在你的存在感恰逢低谷的情况下。比如，有些可能是高管团队还没来得及解决的问题，如果你觉得你可以解决，就要赶快行动起来。必须认识到，有些问题迟迟得不到解决是有原因的，如果你想解决这些问题，就要采用新的方法，同时承担相应风险。然而一旦你的方法证明奏效，企业的其他部门也会推行起来。这时你不仅解决了问题，还提升了自己的存在感，真是一举两得！

练习：记录并解决问题

确定 4 个想解决的问题：

- 未来 6 个月内 2 个较小（或者较易处理）的问题。
- 未来 2 年内 2 个较大（或较复杂）的问题。

给 4 个问题制定详细的行动方案（是什么，为什么，怎么做，何时做）。

	待解决的问题	行动方案
6个月		
2年		

除了解决问题，提出想法、采取行动、最终实现你的想法这一系列环节同样是成功的重要基础。不要等指令下达了才动手，而要积极主动，或者问问老板是否有你可以处理的事情。主动请缨是你得偿所愿的唯一途径，要表明你的想法和方法多么有创意。成功不是偶然的，而是有所选择、坚持不懈和努力工作的结果。

使人信服和自我推广

与企业内外的人接触对提升你的存在感至关重要。与人日常接触的大部分内容就是说服他人。无论是一个想法还是一款产品，我们都要用大量时间去推广。这要求我们的思虑一定要周全。首先你应该明白推广不是单向的，第一条要求就是深挖你的目标群体。无论是你团队中的某个人，还是满屋子的陌生人，必须要了解他们的动机是什么，然后自问能向他们传达什么样的理念，同时相应地调整你的理念。

保持提问。提问有两个功能：接收信息并且消化吸收。

互惠双赢是达成目标的最佳途径。要想清楚对方能从你的理念中得到什么，再以优雅婉转的方式暗示对方。要把对方当作成年人对待，他们已经是成年人了，不需要别人告知就能想到结果。此外，与他人建立良好的工作关系也会易于推广你的想法。工作关系上投入够了，别人对你的事也会上心。这种投入始于真诚地、不带任何目的地关心和交流。

凭个人威信做事，保持冷静镇定。带着乱七八糟的文件迟到的人不会给人留下好印象，甚至会让人觉得没做好准备。你的衣着要得体，穿得太过正式总比太过随意好，穿着得体表明你对他人的尊重。第一印象往往难以磨灭，会持续很长的时间。所以，初次见面时一定要格外小心，要准备好想说的话，弄清楚想问的问题，还要事先查查新朋友的个人资料。

正确看待事物是一种优秀的素质，但也要避免妄自菲薄，或是把你的工作说得无足轻重。发言要平静，说话要完整，中间要有停顿，不要不分场合地“自来熟”。

你的短期目标和长期目标是推广你自己的最佳卖点。实现过程中，认真考虑你想跟谁讲、讲什么内容、用什么方式，要反复想这些问题。实现了一个长期的大目标时，自己要庆祝一下——无论是买点好东西还是给自己放一天假——这些都是你应得的。也要与你的团队一起庆祝，不仅分享了成功的喜悦，而且团队成员们还会把你成功的消息散播出去。当然，成功同样属于你的团队。

练习：为短期目标和长期目标制定推广策略

标出近期的2个短期目标、2个长期目标，并相应制定推广策略，也可以列出还没有推广出去的目标。

	目标	推广策略
短期目标	1.	1.
	2.	2.
长期目标	1.	1.
	2.	2.

最后一点，不能把结果预期得过高。万一结果有惊喜呢？总比令人失望好得多，毕竟世事难料。

维罗妮卡在一家物流运输公司工作了七年，具体负责北部三区，工作地点离首都总部很远。维罗妮卡很享受现在的工作，一切都很顺利。她有点不喜欢总部“高大上”的感觉，平时很少过去，主要都靠电子邮件联系。毕竟，她的部门运转良好，每年的增长总是远高于大多数其他区域。她觉得没必要担心自己的职位或本部门的地位。

这家企业因其他区域业绩不佳，宣布重组并且削减开支，维罗妮卡希望整个流程能跳过自己和本部门。但结果让她又是吃惊又是难过——自己的职位取消了，本区域要和另外两个业绩欠佳的区域合并。而三个区域中业绩最差的那位经理反而成了老板，维罗妮卡成了他的下属，比现在的工作职责也少了。她向总部表示，这一切她都理解不了。总部说得很明确，在困难时期，关键岗位上需要的是和总部沟通顺畅、合作良好的人。维罗妮卡因此上了沉痛的一课：好成绩只有为人所知、与人共享的情况下才有意义。

会议和演讲

会议和演讲能大大提升你的存在感。所以，要把会议当作展示工作成果的窗口。这似乎是太过夸张了。实际上，你不仅能在会议上表达观点、展示成果，还能为团队合作作出积极贡献。开会时，要选择一个好座位，能轻松看到每个人，特别是让主持会议的人能看到你。在主持人的视野范围内，你更有机会发言。否则，你要是想说点什么还要先引起主持人的注意。如果你是新来的，一开始很难有机会发言或参与讨论。这种情况下，你要针对一个议程环节，认认真真做好准备，发一次言，不要给别人留下沉默寡言的印象。

演示文稿是很好的展示方法：简短明了、清楚易懂，也能激发人们思考。设计一定要简朴：

- 问题，即主题。
- 问题的背景，解释的内容包括该问题可能造成的结果以及来龙去脉。
- 解决方案，以及实施该方案需要什么条件。

这里强烈建议使用PPT演示文稿。理由显而易见，PPT的基本技巧可以让人明确区分问题的主次。此外，还可用照片、图像突出重点。可惜PPT往往变成了一连串幻灯片，写满了单调无聊的纲要，而且还不知所云。如果你的企业文化习惯使用PPT做展示，或者是你需要展示各种成果，一定要用好各种演示技巧，而且重点务必要一目了然。

争取支持

要让人了解你的观点、看到你的成果而且能得到推广，目的只有一个，就是争取支持。缺少员工、同事、老板的支持，你不会成功。争取支持从实现长期目标开始吧。先在企业上下建立联系，这个联系会为你和你的工作发挥作用。你需要的是那些能在关键环节推动事态发展的人，有专业知识、目标明确的人，还有那些有威望的人。他们向企业同人推广你的方式方法时说话更有分量。这里再强调一下，争取支持要早点着手，不要临时抱佛脚。

有时女性想得太简单，认为只要顶头上司支持，一切就顺理成章了。然而，想要晋升还需要多位老板的支持才行得通。

企业高层通常采用共同决策的方式，确定谁有资格晋升。你的成就必须让多位企业高管都看得到。早些争取到支持会大有好处：等你真正有所需求时，就能有所依靠了。

存在感对于女性的职业生涯比男性显得更重要。不幸的是，人们有时仍然怀疑女性能否胜任新工作，或是否已经为下一步做好了准备。提前做好准备，你就能在高层的老板中得到支持，也能让高层的老板们看到你的成就。企业高层决定了你在企业中的未来，默默无名就等于不受欢迎。

第13章

应对挫折

TIPS

- 要相信人总会遇到挫折。
- 要接受一个事实，你也会犯错，跟其他人一样。
- 要从自己的错误和失败中学习，与他人分享经验。
- 学会认识和承认自己的局限性。
- 快速及时地应对挫折，并提出解决方案。
- 如果你的职务确实让人有挫败感，不要坐视不管、顺其自然。要想办法改进，在企业内外寻求备选方案。
- 如果马上面临解聘，要想办法“活”下来，不要掺杂个人因素。时时更新简历，用好你的人脉。
- 如果你觉得被困住了，可采用突破性的方法脱离困境。

日常生活中难免遇到挫折，我们迟早都要面对。应对挫折的方式——尤其是应对像被解雇那样的重大遭遇——决定了最终是否能够成功。另外，突破局限在实现个人目标的过程中也起到了决定性作用。

应对挫折

遭遇挫折不应当成为问题。大家都知道而且接受挫折的存在。面对挫折时，不要手足无措甚至矢口否认，而是要从容面对，用创新的能力解决问题，最后分享克服挫折的成功经验。

挫折的形式多种多样，可能来自你自己的错误或判断失误；可能来自企业重要工作没有交付或是同事重要数字提交过晚；也可能来自外部环境，比如竞争对手低价倾销、法律条文突变、大客户离开或是申请破产。每个挫折都截然不同，处理方式不能一成不变。以前非常成功的方法，在处理新问题时有可能完全失效，因此要与时俱进。

从面对挫折做起。陷于自以为是地否认挫折，甚至不承认挫折的存在是极其错误的。如果没有人应对，挫折不会凭空消失，想要圆满解决就必须尽快找到问题的源头，发挥解决问题的能力并且保持积极乐观的态度。简而言之，抱怨无济于事，解决问题才是硬道理。能着眼于长期目标的人更擅长应对挫折，因为他们能以更宽广的视野看待挫折。挫折应对的技术越好，运用对半法实现个人目标和工作目标的速度就越快。

如果你设定的目标给你造成了太多的障碍，那就要仔细审视一下了，有时要考虑是不是需要放弃。比如，你在一个目标上投入了过多的时间和精力，甚至已经耽误了其他目标的进度，你就应该考虑把这个目标换掉了。但是新目标应该是同一领域的，这样才能保证你之前在这一领域的工作没有白做，还能正常推进。

承认错误和失败

一方面，挫折时有发生，每个人都会犯错。从接受犯错开始，对己对人，都不要试图掩盖错误。从自身做起，直面错误才能吸取教训。要告诉别人你是如何弥补过错的，吸取了什么教训，需要的话还要道歉。这样做，对于形成一种稳妥、具有建设性的企业环境具有积极意义。这样的环境容错性高，大家能在挫折中不断前进。

另一方面，不要放大错误。女性下班后常常会回想白天犯的错误，不断放大并且忧心忡忡。要明白，对你来说天大的事可能对别人来说根本不值一提。放大错误和失败，只会让你更脆弱，不但妨碍个人进步，而且影响企业的发展。恐惧永远不会带来成功。

没能实现目标——无论个人目标还是企业目标——同样都是失败。失败虽然尴尬，但肯定不是偶发事件，甚至是不可避免的。不管怎么说，在职场上我们迟早都会遭遇失败。常言道，“失败乃成功之母”。越早获得失败的经验，越能从中学到东西，培养好的习惯。如果工作多年之后才体验到失败，不仅挫败感更明显，而且由于你已经养成习惯，很多时候也就很难吸取教训并且作出改变了。

没有实现目标不代表该目标不值得一试。如果你自己承认这一点，并且整个团队协商目标一致，那么失败与否就成了关乎集体荣誉的事了。不要因为失败就责备你自己或其他人，除非有人做事偷奸耍滑。和其他人一起从失败中吸取经验，更具有建设性，而且以后还会避免类似的事再度发生。

厘清局限

人人都有局限，而且还总是纠缠在你不会做和不愿做的事情上。如果不能正视自己的局限性，肯定会遇到挫折。你不会做的那些事情不等同于你不愿意做。没人是万能的，也没人指望你是万能的。重要的是，你要知道自己哪些方面是不擅长的，这样团队的其他人就能补上这个缺口。相比之下，不想做某些事，多少有些不同。有时你虽然讨厌做某些事，但不得不承担下来，克服反感情绪才能在事业上有所发展。

顺便说一句，像个体一样，企业作为一个整体也会存在局限性。同样，企业也要认清这些局限，从而避免或者克服失败。比如，外聘专家解决相关领域的问题就是一种很好的方法。

练习：厘清局限

列出个人和企业的局限性，然后标明可采取的解决措施。

	局限性中不会做的事	措施	局限性中不愿做的事	措施
个人	1. 2. 3.		1. 2. 3.	
企业	1. 2. 3.		1. 2. 3.	

贝阿特丽克斯是一家 IT 公司的负责人，该公司向医院提供软件。她在上任后经调查很快就发现，推行一款软件的升级补丁过程中拖延现象严重。一年前该软件刚发布时，大家热情很高。现在各家医院都很依赖这款软件，但由于升级拖沓，院方怨声很大。于是贝阿特丽克斯开始着手制定补救方案。

同时，贝阿特丽克斯深入研究事态时，发现公司其他领域同样存在拖沓的现象。于是她建议全面检查公司的所有流程，评估按时交付产品的可能性和可控性。她还建议从公司各部门抽调年轻、有积极性的员工承担这项任务，而不是把任务外包出去，并且向监事会详细说明了她的想法。评估的结果令人吃惊。现在她可以在监事会的支持下开展整顿了。

面对不当的职位

除了局限性，挫折也有可能来源于个人因素。挫折中的个人因素也可能更强一些。你的职位本身就有可能造成挫败。比如，你刚刚接手一份新工作，然而很快又觉得不适合。出现这种情况，往往是因为新工作面试时讨论的问题全然不同于你接手后面对的问题，又或者是因为你没有提前做足准备工作，还可能是因为在你工作了一段时间后，突然来了一位新领导，对你提出了新要求。

首先，要尝试解决问题。要着手讨论，提出解决问题的办法，坐等老板提出解决方案对你来说是没用的。如果想有所改变，就要自己提出所有人都能接受的解决办法。如果这样做也行不通，可以考虑离职。在你的职业生涯中，可以允许自己有一次短期工作的经历。你面试新工作时，一定要明白这只是一个插曲，没人愿意聘用经常跳槽的人，而愿意要那些心胸开阔、知错就改的人。

其次，避免错过升职的机会。你要花点时间克服失落感，然后申请跟高层见个面，了解一下潜在的原因。显然，有可能是别人更适合这个岗位。这种情况下，你可以抓住机会，提升个人能力。如果原因不那么明确，或者你被忽略了多次，情况就更复杂了。这里强调一下，你必须先反思最近有没有下足功夫让别人注意到你。但这也可能是一个信号，表明你应该换个地方了。如果企业背叛了你，你也没必要对企业忠诚。

最后，如果你所在的企业陷入困境，你也会觉得所承担的职位不合适。比如，这家公司濒临破产，原因可能是市场不景气，或是由于挪用公款而遭到打压。但无论原因如何，更重要的是在别人眼中你的角色是造成问题的，还是解决问题的？要做问题的解决者。事实上，这种情况下你能学到很多东西。用心记下你战胜困难的过程，如果公司被收购或任命新的管理层，或者你去其他地方求职，这些经验都非常有用。但千万不要在旧的环境中停留过久，尤其是在毫无希望的情况下，肯定不能留，应该看看外面的世界。

害怕解聘

被解聘是职业生涯中最大的挫折之一，对个人以及企业来说都是极其令人沮丧的经历。在经济不稳定和企业重组的时期，大家普遍担心被解雇。工作是支撑一个人独立生存的重要组成部分，一旦工作丢了就不好办了。更重要的是，你需要赚取生活费用。

无论形势多么糟糕，也要尽量变被动为主动。假如企业重组迫在眉睫，就好好想想是否做好被裁掉的准备，其实答案往往是否定的。但是有时候裁员未必是件坏事，倒是给了你一个期待已久的机会——去大学听听课、换换工作，或是实现一次计划多年的旅行。也许当时你已经考虑辞职，一笔遣散费还能锦上添花。要主动为自己抉择，而不是被动接受决定。

如果你选择留下来，就要有生存策略，知道自己能作出什么努力。先要总结自己之前的成功经验，看看有什么是能帮助企业扭转局面的，要和老板讨论这个问题。然后积极帮助企业朝着正确的方向发展。在去留未定的时候，上述做法的意义是决定性的。同时，要关注外界，确保时时更新你的简历（见第 17 章），充分运用人脉。利用这段时间想想什么是自己真正想要的工作（见第 16 章）。匆匆忙忙、随意四处求职或跳槽，要多蠢有多蠢。这样做，无异于雪上加霜。

要冷静、慎重地处理上述情况。就算你是因为个人原因而被解聘，同样要保持冷静、慎重。显然，这种情况下应该自我反思，但不要把事情弄得太过个人化。个人被辞退往往只是因为企业转型时提出新要求与个人能力之间不再匹配。职位越高，就越容易遇到这种类型的解雇。从公事公办的角度来看待这件事，你会更容易接受发生在自己或重要同事身上的事。此外，这种思维方式也能有助于你找到新工作。毕竟，新工作应当与你的实际能力完全匹配。

在困境中奋斗

无论有没有近期被解雇的风险，你都要面对一种严重的挫败感：感觉工作任务过重，或只是犯了一个错误，就觉得自己陷入困境了。你可以把这种感觉比作是在漏斗内向上爬，一旦被吸下去，就再也爬不上来了。说到底，你被困在漏斗里了。由于形势非常严峻，最好跳出现状寻找解决方案。毕竟，严峻的形势下，无论因为你自己还是企业中的某个问题，你都要找到全新的视角和突破性的方法。

例如，企业的管理团队由于不熟悉你的合作对象，就有可能不认可你已经达成了最划算的交易。显然，这种情况下你要提前向领导层提供信息，让他们参与相关人员的会晤。如果管理团队还是不能认清局势，对你来说换个工作可能更合适，看看以你的专业知识和经验，可否在别处有更好地发挥。

当然也不一定就这么极端。如果管理层仍然不明白，你应该想想，自己向管理层汇报的内容他们是否明白？管理层提问的时候，你的回答能不能更有说服力？能不能找别人帮忙打破僵局？或者给自己放几天假冷静一下，以便重新审视局面？做任何事情，都胜过受困于漏斗底端的感觉。但是，一遍遍重复相同的观点，是不会让你脱离困境的。

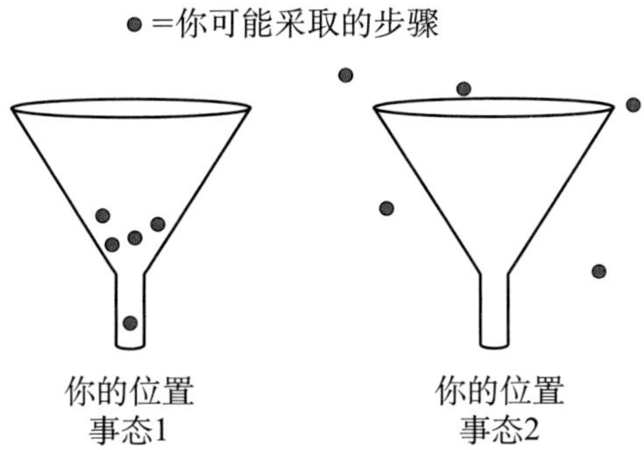

图 13−1　脱离困境

图 13−1 清楚表明，深陷其中的时候跳出现状观察反而是有帮助的。每个●都代表一个步骤。事态 1 中，有的人困在漏斗中，只能稍微挪动；有的人甚至是困在漏斗底部。事态 2 中，有的人向漏斗外看去，就能爬得更高，看得更远。如果只考虑使用渐进的方法，也许只会困在漏斗里。所以遇到类似情况时，应该跳出常态，想想突破性的办法。这样，不依靠别人反而更有可能从漏斗底部逃离。

第14章

自我提升

TIPS

- 想发挥领导作用，就要不断学习。
- 要享受学习，有三种品质至关重要：好奇、谦虚和理智。
- 发掘你喜爱的学习方式，确保你的员工也知道。
- 经历了挫折和危机后要吸取教训，否则只会重蹈覆辙。
- 广觅良师，如职业导师或专业培训师。
- 要建立学习型团队和学习型企业。要从失败或成功中学习，不要认为失败或成功是偶然的。

无论你担任什么领导角色，不断学习都是绝对必要的。忽略了学习，可能很快就止步不前，甚至落于人后，然后也就丧失斗志了。掌握学习的能力需要三种品质：好奇、谦逊和理智。掌握学习能力除了需要掌握自己喜欢的学习方式，你还需要接受“活到老，学到老”的思维方式，并且将这种能力引入到你的团队和企业中。

保持好奇、谦逊与理智

学习就是要适应新环境、创造新方法，也是让人们时刻保持前进动力的新尝试。学习教会人们如何面对逆境，深挖危机的根源从而防患于未然。当今社会，无论是企业自身，还是其内部员工、外部环境，都在不断发生变化，因此保持学习对于企业成功运行来说至关重要。

享受学习，也要乐于祛除弊习。做不到这点的话也就不适合担任领导的职务了。如果没有学习的恒心，你的职业生涯顶多就是原地踏步，甚至还会走下坡路。学习是种乐趣，享受这种乐趣会增加你成功的概率。要想保持学习的乐趣，就要有以下三种品质：

好奇。眼光要向外看。如果某事打乱你的计划，不要为此抓狂。相反，要享受它带来的额外挑战。对你的工作伙伴——无论是员工、同事还是老板、客户——都要保持好奇，你能从他们身上了解到很多东西，哪怕只是为了找出他们的需求。

谦逊。即使你懂得很多，能力也很强，但是也不可能永远比别人懂得多，也不可能什么事都自己完成，你需要帮手。通往成功路上，还需要不断提高自我洞察的能力。

理智。越快认清新鲜事物的本质，就越能尽早调整计划。一味沉迷于过去或一厢情愿的想法，只会落后于人。

最重要的是，学习是你自己的事，是为了提升自我，而不是评判别人。学习需要全身心投入，跳出舒适区，始终对未知的人和事保持开放的态度。

要发掘你最喜欢的学习方式

学习方式因人而异，因此发掘你喜欢的学习方式非常重要。学习也好，个人成长也好，都不一定是一个规律的、循序渐进的过程，成长有时会发生得特别突然。这种情况与孩子在生长发育阶段晚上睡觉时腿疼相似。腿疼时，自然的反应是去止疼，但是这样生长的速度就会放缓了。学习的过程也是这样，只不过疼痛和恐惧从生理上转移到了心理上。首先你要面对，成长曲线很少持续上行，实际上是不稳定的，有高有低。刚到了一个相对高度，你就觉得自己已经到达顶峰；但是落入低谷时，你又对一切失去信心。在这样一个紧张的阶段，你会发现自己处于一个灰色的成长区域，起起伏伏。要坦然面对成长的灰色区域，直面所有的不确定性。总有一天你会走出灰色区域，迎来更辉煌的成功。

如果你了解最适合自己的学习方式，接受起来也会更快。上学时，人们常常认为好的学习方法只有一种，然而上学时成绩平平的人将来一样能成为社会中的强者。每个人都有自己的学习方式：有的人凭记录，有的人靠尝试，有的人需要大量阅读，还有的人通过交流或仅仅是借助于倾听。要保证你不仅知道怎么学，而且知道最适合自己的学习方式。这样，你就能学得更快、更开心。

如果你习惯于倾听，那么把员工交来的一堆文件带回家就毫无意义了。相反，如果你习惯于阅读，最方便的就是把所有的书面信息提前准备好，不要留到开会时听汇报。如果你能因时因事使用学习方法，工作就能更高效。

最后，要注意你的职位越高，通过学习而掌握知识的机会就越少。要学会调派他人来统筹事务，必须要有能力依靠他人的学识工作。这个阶段的学习就是提高你的能力，改善你的工作方法。要实现个人目标，就按照你的对半法个人计划中构想的那样，不仅要不断学习，还要运用最适合的方式学习，这一点非常重要。

练习：反思你的学习方法

针对以下几个方面，选定你最喜欢的和最有效的学习方法：

- 获取信息。
- 了解是什么激励了你身边的人。
- 学习自我成长。

然后写下工作中是如何运用这些方法的。

	方法	如何运用
获取信息		
了解是什么激励了你身边的人		
学习自我成长		

从逆境中学习

挫折无所不在，人人都会犯错，危机时时发生，重要的是你从中学到了什么。危机反反复复，就习以为常，那就什么也没学到。犯了一次错，说声“对不起”，大家都会原谅你；

如果是一次又一次犯同样的错误，你只会激怒他人。如果不找出失败原因，不采取措施避免重犯，同样的错误很有可能会再次发生。所有人都会认为你控制不了局面。无论犯错是内在原因还是外在原因都没有区别，你要对一切负责，也要对是否学到了新东西而负责。

许多企业也会遭遇一些“常见的”挫折。美国的约翰·科特（John Kotter）教授在其论述管理改革的著作中，列出了 8 种最常见的挫折，这些挫折导致改革过程的提前终止：对懒散现象不闻不问；没有广泛联合有开创能力的人；低估了树立愿景的重要性；针对愿景，交流过少；允许妨碍新愿景的阻力存在；没有制定短期目标；过早宣布整个过程已经完结；忽视引导企业文化的改革。在改革之前和改革过程中，对这些“常见”的挫折你要保持警惕并预防其发生。

宝莱是一个小自治市的市长。该市有 3 万居民，有一条客货两用的铁路穿过。货车装载危险物品，常在夜间通行。一天晚上，有两节满载危险物品的火车车厢脱轨。如果附近有明火，车厢随时可能发生爆炸。幸运的是，宝莱在第一时间收到通知，90 分钟内派出了应急分队。多亏了分队成员之前有过处置类似事件的经验，险情最终在当天就得以排除。

险情排除一周后，宝莱请专家来评估当时的应急处置。两个月后，评估完成。化险为夷的欢欣鼓舞很快转变成了大失所望。因为应急团队只专注于当时的险情，其他许多事项都出现了问题：事故发生地附近的住户没有及时疏散；一场大型体育赛事仍按原计划举行；许多居民抱怨缺乏相关信息。评估报告还显示，宝莱应该引进人才，和她一起商讨如何能够更好地处理这种情况。事后六个月，宝莱在市政会议上作报告，谈自己在此次危机处理上的经验教训，此后又在其他场合多次提及此事。一年半以后，她出任更大规模城市的市长，她的自省和坦诚推动了其职业生涯的发展。

向他人学习

向他人学习是合乎逻辑的，但人们很少严肃对待。如果你有一个或多个导师（mentor）能回答你的问题，并能用他们的经验帮助你找到解决方案，这就非常有益了。向经验丰富的大忙人请教，女性常常有点为难。然而，要明白这是双向的，经验丰富的人一般也愿意与人分享他们的经验。了解年轻人才面临的困境对于更好地管理企业同样有所帮助。

无论企业内外，不要只专注于一位导师，要多拜师。单一的导师有时会把你的视野收窄到一个方向；有多个导师的话，比如三位导师，他们不同的学科背景能够拓展你的视野。要有选择性地四处求教，充分利用每个人的经验、知识和技能。

要把这种关系固定下来，明确这种工作关系就是教与学的关系。这样，你就可以带着问题拜访导师，他们通常会提供建议，或者是为你美言几句。一切顺利的话，导师的新观念可以强化你的突破性视角，同时还能帮你扫除障碍。简而言之，你会学得又多又快。

除导师外，其他人也能给你提供意见，如员工、同事或老板。与他们沟通你的问题和困境，如果他们也能对你敞开心扉，讲述他们所面临的问题，那么他们就会更有意愿帮助你。

现在越来越多的人愿意向企业外的专业培训师请教，以利于反思自己的表现。培训师会提供全新的视角，提高你解决问题的能力。例如，培训师可以提出多种你目前没有的备选方案。这样，你与人打交道或处理问题时就会有更多的选择。这也是一种学习。

创立一家学习型企业

学习不是个人行为，团队或者企业作为一个整体同样需要学习。个人要求进步是好的，但若是整个企业不具备学习的能力也会令人相当沮丧。首先，你的工作方法很快会与企业当前的企业文化产生矛盾。其次，只有你在学习，而企业没有，也会造成分歧。为了避免此类情况发生，你可以把学习设定为团队的重要标准。从自己做起，当团队成员需要支持和帮助的时候，勇敢站出来，而不是消极对待，把问题留给他们自己解决。

试着建立一种宽松的工作氛围，有人犯错时不要只是一概惩罚，要把这当做所有人学习进步的机会。在非学习型企业，人们往往只是仔细探讨问题本身，然后赶紧寻找补救措施。这种“创可贴”式的方法对企业毫无用处。更有效的方式是意识到问题已经产生，花时间寻求根本的解决方案，共同讨论如何避免将来犯类似的错误。如果企业按照这种方法运营，就是真正的学习型企业了。

养成评估每一个重要项目的习惯也很有帮助，不管项目结果是皆大欢喜还是差强人意。要明确记录评估的结果，以便日后开展新项目时用作参考。用这种方式你可以每年对所有工作评估一次，把评估当成你所在团队或部门的学习契机。

当然，在非学习型企业中，顺利的话也可以学到东西，只不过这样的学习更多地属于个人因素的偶然事件。最好还是能在成功之后总结一下经验，毕竟成功经验可以在企业上下更广泛地被实际运用。这样，成功就显得不再那么随意，而更多地是一种有意选择的结果。

第15章

加强领导力

the
50/50
method

绽放

TIPS

- 享受自己的领导角色，作为领导者，你可以做很多事情。
- 珍惜并不断增强领导力所需要的六种能力：愿景、沟通、自主、可靠、解决问题和完成任务。
- 能扛得住打击。要意识到想当领导就要不断地承受压力。
- 尝试包容性的领导风格。不断包容他人，领导者才有未来。

领导力是个有趣的存在，借助它你可以在管理企业、管理员工、管理周围事物、管理自身等不同层面轻松应对。这就是为什么要研究当代领导力、搞明白作为领导者需要具备什么能力了。同时，你还要务实地看待当下对领导力的高期望值，因为现在的下属远远没有以前那么顺从了。包容性的领导风格才有前景，因为员工更喜欢这样的领导，更愿意参与到由他们负责的工作中去。

领导力是一种关系问题

领导力似乎是一个包罗万象的术语。特别是在经济形势严峻或企业利润下滑时，人们对领导力的呼声更高。此时，领导者可能受到来自企业、公众、政治等不同层面的批评，对领导力的质疑也因而过于简单化。领导者要么被神化，要么成为众矢之的。人们对领导力很少有务实的看法，对领导力的期望过于模糊，却划下诸多条条框框。如果你有雄心，不管到哪里都想当个领导，明智的作法就是要认清人们对领导力的看法有了变化。准备好面对质疑吧！

当今，领导力首先是一种关系问题。毕竟，领导者要带领大家行动。领导者能做到这一点，显然是因为他们能说服别人接受新的价值观、态度和目标，这些都会带来实质性的改革，这些改革可能意味着采取新的工作方式，或是关闭一家工厂。领导力主要是指与人打交道，人们只有在相信领导者的观点和方法之后才会改变态度，进而改变行为方式。当今社会领导力很少与权力有关。如果你借助权力，那就是命令别人要做什么，而不顾他们是否认同；如果你借助领导力，别人会采纳你的想法，此时你是在说服别人应该做什么。这种情况下，一切都取决于你的威信。

领导力也很有趣，小事大事都离不开。小事上，你可以让你的员工高高兴兴上班来，快快乐乐回家去。大事上，如果你在公司当领导，可以决定开辟新市场，让客户满意，最后让公司不断提高利润；如果你在公共机构中当领导，能为公民提供便捷的服务，从而为机构树立更好的声誉；如果你在一家慈善机构当领导，就能让世界变得更好。发挥领导作用也更容易让你获得声望。

领导者的六种能力

要想成为一名优秀的领导者，需具备六种能力：愿景、沟通、自主、可靠、解决问题以及完成任务。作为领导者应具备其中的几种能力，其他能力则需继续锻炼或加强。一般情况下，我们无法预测哪种能力组合能带来最佳效果。在很大程度上，一切取决于你所在的行业、公司或者部门中的具体情况。如果情况改变，或你转入另一行业或企业，那么你只能以不同方式发挥你的能力。某些情况下，比如针对客户的信息和通信系统（ICT systems）出现延迟，这就对你完成任务的能力提出了更高要求；或者，企业聘用你为的是让大家树立共同的目标。这时你的沟通能力就显得更重要了。

这六种能力具体如下：

愿景。愿景就是你知道把企业带到哪里去。如果你没有愿景，就很有可能造成企业发展方向混乱或者原地不动。如果确实想开展改革，就要搞清楚改革的内容。另外，愿景必须简明扼要，易于交流。如果愿景非常复杂，充满不确定因素，甚至有很多问题，就很难向下属解释清楚。这种情况下，你的计划必然失败。

沟通。沟通就是对内对外与不同人交流、联系。你也许对未来有良好的愿景，但如果不能和下属顺利沟通，激发他们的工作热情，你会寸步难行。达成共识非常重要，能提出一个好的主见还远远不够，还要把这个主见传达给企业的上上下下，与他们达成共识。这就需要你持续、积极地思考沟通对象、沟通内容及沟通方式。建立威信就有赖于此了。

这里强调一下：沟通是双向的。所以，倾听同样重要。让别人理解一条信息只需要单向传送，但是要想让别人认同，就需要双向交流了。毕竟，只有别人真的相信了，才会对你做出承诺，把大家联系起来才能实现齐心协力共同达成目标。当然，你也要有能力与各类人员合作。光靠自己是做不了多少事情的。

自主。简而言之，自主就是没什么人、没什么事会让你抓狂。偶发事件和短期问题不应让你偏离路线，如果这种情况一再发生，你的前进方向就模糊了。自主意味着即使身处困境，也要牢牢把握自己的愿景。这种坚持是自然而然的，有韧性但不死板。勇于作出艰难的决定，对问题始终保持开放心态，把突破性事项列入议程都是自主性的重要体现。相反，被现有的工作文化拖累肯定是不自主。自主就是出众，就是无法被自动取代。有没有自主性是领导者和非领导者的显著区别，前者是规划路线的人，后者是随波逐流的人。

可靠。对任何形式的社交活动来说，信任是关键。不靠谱的人很难被接受，他们通常也很难实现自己的愿景。你的同事和你的下属必须知道你是可以信赖的，但这不意味着你的观点或政策不能一成不变，发生改变时要配合充足合理的理由。

可靠性还与你和他人打交道的方式有关。这是一个非常敏感的领域，人们内心希望被平等对待，而不只是上下级的关系。对员工的提议前一天表示肯定，第二天又表示否定，对员工和你自己都没有好处，员工希望你信守诺言。待人不公或偏爱某人是另外一个问题。想做一个别人心中靠谱的人，对待大家一碗水端平是基本的要求。

解决问题。解决问题的能力决定了职业发展的速度。不管问题大小、复杂与否都要尽快圆满解决。这里指的不仅是大家都能看到的问题，还包括那些隐藏的问题，尤其是将来可能出现的问题。未雨绸缪的能力促进你在企业发展的道路上取得成功。例如，虽然你经营的是一家传统的电视公司，但是你决定提供点播服务，因为点播服务在将来可能更受欢迎。这样，你就能牢牢吸引住观众和广告商了。

完成任务。美好愿景的实现要建立在付诸行动的基础上。除了贯彻落实目标计划，还需确保计划按时完成，这是领导者取得成功的必备条件。所以，领导者必须具备管理能力。是谁具体运作并不重要，重要的是领导者有责任将愿景落实到具体成果。这个过程中，还需要有制定战略的能力，即寻求最有效的实践方法。从 A 到 B 的路程，几乎没有直来直去的，有时要经过 C，有时甚至要经过 Z。作为领导者，不但要找到这中间的最佳路线，也要知道怎么走，虽然会绕弯路但是最后同样可以达到目的。

练习：领导能力测试

以下六种领导能力，按你掌握的情况从低到高分别按1～5分评分。然后用同样的方法给你目前职位最需要的能力打分。这些差异表明了你的能力在哪些地方需要进一步提高，或者目前的职位哪方面的能力要求相对较弱。当然，你也可以让你的同事填写这张表格，评估你在他们心目中的表现和对你职务的要求。

能力	你自己的能力	你的职位所需的能力
愿景		
沟通		
自主		
可靠		
解决问题		
完成任务		

阿兰卡任职的那家上市房地产公司有三个业务部门，她是其中一个部门的主管，负责决定建造和出租办公场所。上任之前她就了解到之前这个职位上的领导都干不到两年。她也很快陷入了季度报告的漩涡，而且季度报告对一家上市公司来说非常重要。阿兰卡没有抽时间与前任交换意见，只是专注于吸引新客户，牵头了几个新项目。这样，每个季度都能取得一些进展。

但同时，阿兰卡所在部门的实际问题更加严重了，部门空缺的职位越来越多。20个月后，得知自己也要被换掉时，她才明白自己即将重蹈前任的覆辙。她在堆积如山的报告中丧失了自主性，只关注眼前问题，而不是找到问题的根源。在认清现实后阿兰卡制定了一套清晰的改革方案，并汇报给了老板。老板被她的新方案打动，问她是否愿意留下来，继续执行新方案。

包容性的领导风格

即使你的领导能力各方面得分都很高，也要面对这样一个事实：如今追随者发生了极大变化，领导者也需面对极大的压力。美国领导力专家芭芭拉·凯勒曼（Barbara Kellerman）在其开创性著作《领导力的终结》（*The End of Leadership*）中指出，领导者与追随者之间的社会契约正受到威胁。追随者越来越不甘于服从，对领导者的要求也越来越高。他们一方面感到失望、幻灭，另一方面又觉得领导者欠他们的。

这种演变起因于近几十年来社会发生的巨变。世界越来越扁平化，互联网使信息获取的门槛变低。例如，过去必须去实体店购物，现在动动手指就能买东西。一场达人秀，数百万电视观众在家就能投票选出谁是冠军，评委的作用已经不重要了。概括来说，即时满足已经成为标准。

这种变化没有让领导者生活得更轻松。相反，他们肩负的期望值越来越高，而追随者的忠诚度越来越低，一件小事就能让他们改变立场。品牌忠诚度实际上已经消失。几年前，西半球几乎所有人都用诺基亚或者黑莓手机，现在三星和苹果统治了市场。但 5 年后，这个位置有可能被其他品牌夺走。这已经是大势所趋了，如果领导者想要生存下去，就必须顺势而为。因此，维护其威信至关重要，这就需要领导者作出长期的努力。有一个很好的例子，2015 年春天，荷兰银行执行董事会突然大幅加薪，在国内和政界引起轩然大波，基层银行员工尤为不满。正是来自基层的批评声音最终改变了这项决策，执行董事会成员亲自去各个分行向员工作了解释。

排他性的领导风格，即那种领导者凌驾于下属之上颐指气使的风格，已经站不住脚了。包容性的领导风格是指领导者与下属建立共同目标，相互承诺并彼此团结，这样的关系才有未来。当代领导者必须要与企业相契合，积极应对员工的日常期望，个人利益必须始终排在集体利益之后。

包容性的领导风格似乎特别适合女性。人们通常认为女性的特点能与当今员工对领导人的期望值无缝契合。比如，女性领导者往往更善于让每个人参与其中，尤其是在重大事件处在危急关头时；再比如，在共享信息方面女性的态度更开放。员工如果能亲身参与决策制定的过程，他们会感到自己更加重要，也更有认同感。企业作为一个整体，会更加健康高效地运行。

但是包容性的领导风格也有其缺点：非常耗时，也很容易招来批评。集思广益时，容易被不怀好意的人解释为这个领导没有主见或是一无所知。做好准备再开始大张旗鼓地贯彻包容性的领导风格很有必要。

第16章

理想型工作

绽放

the
50/50
method

TIPS

- 要选择自己合意的好工作。
- 你要明确理想工作的内容，发现自己擅长什么，喜欢什么。
- 寻找理想工作时不要限制自我，要探索一切可能性。
- 向帮助你成长、帮助你实现抱负的人寻求支持，远离那些企图拖累你的人。

享受工作才能更易取得成功，要是还能找到一份理想的工作，干起来就更顺手了。一份自己不但擅长而且乐于做的工作，就是理想的工作。想要找到理想型工作，首先要懂得如何轻松愉快地克服困难，其次要摆脱自我和别人强加给你的限制。坚决贯彻以上两点是找到理想型工作的正确途径。

职业生涯总有间歇

对许多女性来说，职业生涯中总会遇到这样那样的状况。他们或是因为家庭原因请假一段时间，或是在一定时期内只做一份轻松的工作，又或是放弃全职工作选择进修。无论出于什么原因，大多数女性的职业生涯并非一帆风顺。美国的一项研究表明，37% 的女性迟早都会主动离职。显然，女性不是一直都满意自己的职业，所以偶尔也会休息一段时间。

然而，大多数中断职业生涯的女性，都想在某个特定时刻重返工作岗位。收入是其中一个重要原因，但并非唯一原因。许多女性想工作只是出于对职业的热爱。但现实表明，对许多女性来说，热爱职业与热爱工作是两码事。

显然，这两者中间存在着某种程度的差异。要专注于理想的工作，尤其是很多职业生涯从未中断过的女性，她们把生活、时间和精力中最重要的那一部分都奉献给了工作。因此，更要从事自己喜欢而且适合的工作。

规划理想的工作

好工作不会从天上掉下来，要靠自己争取。做你喜欢的工作取得成功要比做你不感兴趣，甚至觉得无聊的工作更容易取得成功。当然，选择新工作时也必须考虑企业的工作氛围是否适合自己，还要仔细权衡所有的优缺点（详见第 2 章）。一旦积累了几年的工作经验，你可以向前发展了，并且仔细考虑理想工作所需的因素。接下来，选择权在你了。你可以坐等，直到理想工作突然出现；或者可以积极着手寻找。但不管怎样选择，你都要先从弄清楚“自己的理想工作是什么”做起。理想工作应该是你擅长并且喜欢的工作。在用对半法实现个人规划的过程中，寻找理想工作应该也是规划的一部分。

想要成功，就应该考虑一下理想的工作是什么样的。如果觉得自己目前的工作遇到瓶颈，就重点发掘一下自己的兴趣和特长。当然，理想的工作可以是你喜欢的某项具体工作，但更多的情况下它很好地体现了你的能力和喜好。在寻找新工作时，你可以专注于这些因素。

练习：未来的职业方向

这个练习是关于未来的。填写得好，想做什么和能做什么就会很明确。回答问题时，请考虑以下几点：

- 回答问题要顺其自然，写下你想到的第一件事。
- 不要想得太多，要凭直觉。
- 完成全部练习不要超过 15 分钟。
- 可以留出空白，不予作答，这分别代表两种情况：
    - ◎ 要么，该问题与你无关。
    - ◎ 要么，这是一个空白领域，需要进一步思考。
- 每个问题最多有 5 个答案。

1. 你擅长什么？

a.

b.

c.

d.

e.

2. 你不擅长什么？

a.

b.

c.

d.

e.

3. 你现在的志向是什么？

a.

b.

c.

d.

e.

4. 你未来 10 年的志向是什么？

a.

b.

c.

d.

e.

5. 你最愿意从事什么类型的工作？

a.

b.

c.

d.

e.

6. 你根本不愿做的工作是什么？

a.

b.

c.

d.

e.

7. 过去 3 年你学到了什么新东西？

a.

b.

c.

d.

e.

8. 接下来 3 年你想学些什么新东西？

a.

b.

c.

d.

e.

9. 如果明天辞职来一次长达半年的旅行，目前的这份工作中你会怀念什么呢？

a.

b.

c.

d.

e.

10. 1 年后你想在哪里？

11. 10 年后你想在哪里？

12. 现在，你内心深处最羡慕谁的工作呢？无论工作地点在世界上哪个地方都可以吗？

13. 你有什么独特之处？

a.

b.

c.

d.

e.

以上内容填写完毕你可能会想："现在怎么办呢？"如果你已经仔细地完成了问卷，那么你在寻找理想工作时所需要考虑的优势、劣势、愿望和理想就都会清清楚楚地摆在面前。虽然实际上从来就没有能符合所有要求的完美工作，但是厘清理想工作的必然要素也会在你的求职路上有所帮助。找工作时随身带着这份清单，仔细对照你申请的工作是否包含以上这些要素。

获得理想的工作

人们很少能直接找到理想的工作，大多数情况下要克服障碍，甚至绕些弯路才能到达目的地。创新能力、灵活性以及处理问题的能力在找工作的过程中都是至关重要的。有时，你需要弯道超车。比如，你所在的企业中没有你想要的工作，但别处会有。而目前要进入那家企业的唯一方法就是接受一份和现在差不多的工作。有时，你还需要更多的实际工作经验，才能胜任更高的领导职务。要表现出你的灵活性，不要害怕尝试新事物，要试着冒些风险。

赛琳达是一家博物馆的公关经理。在两名新董事上任后，她所属的管理团队被撤销了。目前，她直接向其中的一位董事汇报工作。赛琳达感觉公关工作不再被视为一种战略职能了，大形势意味着她将要被降级使用，所以她决定找份新工作。

一天，有位猎头找到赛琳达，要她去一家更大的博物馆担任公关部副经理。她认识该博物馆现在的公关部经理，一直认为对方和自己是平级的。于是赛琳达觉得自己被冒犯了，告诉猎头副经理的工作低于自己的预期，也没有去找该博物馆另一个认识的同行进一步了解情况。不到 5 个月，那位公关部经理辞职，新招聘的副经理升职继任。实际上先前猎头是在寻找继任者，但赛琳达没有意识到这一点。她当时心情不好，结论下得太草率了。最终，这个草率的决定影响了她的事业发展。

寻找理想的工作时，不妨先考虑以下五点，会提高成功的概率：

不要事先给自己设限。比如，现在很多工作都是全职岗位。即使你真的只想一周工作四天，也没有理由拒绝这样的工作。这种情形下，最好先接受下来每周工作五天的条件，努力工作半年，取得一些成绩。然后，再尝试问老板是否有可能一周工作四天。要是大家都想留住你，那么你既获得了好工作，又能一周只工作四天，岂不是两全其美？如果从一开始你就拒绝每周工作五天的所有职位，实际上就是在给自己设限。而且更大的可能性是，你虽然找到一份每周工作四天的工作，但根本不喜欢。顺便说一句，要警惕虽然名义上规定工作四天，但是老板却希望你干满五天。多出来的一天的自由感（实际上你不能随意支配这一天）跟你从自己的钱包里偷东西的感觉差不多，满是挫败感。

不要局限在自己的领域或企业。理想工作的构成因素可能常常出现在不同领域，要花时间调查一下。与不同领域的人聊聊，或者看对方能否用一天的时间带你熟悉一下他们的领域。要是想跳槽去同一领域的不同企业也可以这样做。虽然别人家的饭可能看上去更好吃，但是把饭碗端过来之前还是最好了解一下情况。

不要止步不前。在通往理想工作的道路上，每迈出一步都很困难。要是你觉得已经困在目前的工作中了，迈出新步伐就更困难了。比如，你感觉自己已经学不到什么新东西了，一切按部就班，没什么挑战性了；或者是工作中没什么新的机会了；又或者现在工作让你看不到任何目标。遇到以上这些情况时，一味地拖沓等待没有用，摆脱现状才是唯一选择。

摆脱坏名声。有时，你会因别人对你的某种印象而被拖累。尤其是在一家企业工作很长时间后，多少都会有点坏名声。这可能是源自以前的某个项目，也可能源自你的老领导。名声不佳令人沮丧，让人觉得不公，但是几乎永远摆脱不掉。这种情况下，最好离开目前的企业，找份新工作。

向合适的人寻求支持。如果你确实非常想找到理想的工作，就必须不断跳出舒适区。毕竟，应该不断尝试新鲜事物。不相干的人往往比熟悉你的人更能帮到你。与你亲近的人通常都非常喜欢“过去的你”，而实际上你想构建一个新的职业身份。不太了解你的人往往更容易接受这一点。要是你想来个彻底的转行，就要先克服周围的障碍。不幸的是，实际上不是所有人都能或者愿意随你一同成长。有时你还要与某些人拉开距离，甚至断绝所有联系。当你打算迈出新的一步时，你需要身边的人帮助你成长，而不是质疑甚至企图阻止你。

通往理想工作的道路上充满了坎坷和障碍，而且最后即便找到了理想的工作，一般情况下也没有机会放松下来享受这份喜悦了。必须努力工作，同时保持警惕，才有可能实现理想。“高处不胜寒”，寻找理想工作的道路虽然孤独，但能让你释放巨大的能量，也会让你的成功来得更加容易。

第17章

自我宣传

TIPS

- 有意识地树立个人声誉。写简历时，选择要明确，突出个人的独特之处，避免含糊其辞与陈词滥调。
- 建立一种能实现互惠互利的、平衡的人际关系网。
- 与那些能给你安排新工作，或是能扶持你的人建立垂直的人际关系网。
- 在线利用领英或是推特发布你的职业信息以及工作成就，但注意保护个人隐私。
- 寻找新工作前，让职业猎头知道你的存在。
- 每年两次更新简历，把最新的成绩写进去，随时保持有最新的版本可用。

理想的工作不会自己送上门来，要想得到就要让别人了解你的能力，前提是你必须树立良好的声誉。树立良好的声誉需要人脉，需要与别人建立可靠的联系，尤其是上下层之间的联系，这种联系应该包括能提携你的人。此外，现如今网络知名度已经变得非常重要了，大家只要听到一个新名字，马上就会上网搜一搜。

树立一个好名声

要有意识地树立自己的声誉。这就是说，人们不仅需要知道你从事什么样的工作，而且需要知道你在工作上取得过什么样的成就，以及他们对你的业务可以有怎样的期待。通常人们对声誉的印象比对简历还深刻，所以把握好自己的声誉非常重要，因为印象在人们的脑海中根深蒂固，无论好坏，一旦形成就很难改变了。不要破坏自己的形象或只是做个无名之辈。

树立声誉其实就是为自己塑造一个有条理、有吸引力的形象。不要到哪里都把自己以前做过的所有事甚至20年前的成就一一列出来，这对你树立声誉没什么作用。人们要么只是得到一个模糊的认识，要么就是从你罗列的事迹中挑选出他们认为有用的地方。想要把握自己的声誉，就要懂得有所取舍，突出重点，找出自己能做什么，想做什么（详见第16章）。重点越突出，形象越鲜明。

练习：树立声誉

描述你希望得到的声誉，包括3个担任过的最重要的职位、3项承担过的最重要的职责、3件做过的最成功的事、3种最重要的个人特征。

	最重要的职位	最重要的职责	最成功的事情	最重要的个人特征
1				
2				
3				

这张表格明确要求必须有所选择，进而突出重点。女性通常会拉出一个长长的清单，这是可以的，但你必须分别在每个类别中选出3项。还要避免“诚实”或“可靠”之类的陈词滥调，这样的特征大部

分人都具备（或者是觉得自己具备），这已经成了标配了，新雇主很少看重这些普遍的特征。相比之下，清单中应该列出一些能让你从候选人中脱颖而出的内容。

建立人脉

你可以通过人脉提升个人声誉。建立人脉是一个平衡的过程，关系网中的成员应当相互帮助。女性不太善于保持这种平衡，因为她们看待工作关系的角度与男性不同。女性通常更关心她们能为对方做些什么，而男性则更关注对方如何能帮助自己。

良好的人际关系是对未来的巨大投入。必须认识到，建立人脉是一项长期投资，不能局限于眼前的蝇头小利。顺便提一句，按照对半法制订个人计划时，建立人脉和树立声誉都可以作为目标列进去。建立人际关系需要提前做功课，而不是“临时抱佛脚”，被贴上“机会主义者”的标签。人脉的一个本质特征就是人与人之间实现互惠。做到关心他人，离成功就近了一半了。一种成熟的人际关系中，如果大家都能做到关心他人并且互相体谅，就能实现友善相处，以后这种友善关系也会在需要的时候给予你支持。

建立人际关系时，要考虑以下几点：

区分正式和非正式的人际关系。两者对你的事业都很重要。建立正式的人际关系通常需要正式的形式：有时申请即可，有时须等他人邀请。建立非正式的社交关系就有点难了，但是通常信息交换、决策筹备都建立在非正式的社交关系上，应当重视起来。要是你的企业内外有多个不同的社交圈，那你更应该积极加入进去，孤家寡人会在成功道路上平添很多麻烦。

人际关系多样化。有些人虽然与你的工作不太相关，却往往能带来新颖的视角，能帮助你强化突破性的工作方法。因此，大多数职场人士都会有多个社交圈。比如，有的圈子可能更偏重企业的未来发展，有的圈子则可能更偏重你的个人前途。

细心经营人际关系。要客观评价人际网中可能需要的人，信任他们，享受和他们共处的时光，感受到他们的激励和鼓舞，这样你就能从他们身上学到些东西。不符合你交友标准的那些人，他们即便有一百条理由需要你帮助，也不要为此动用你的人际关系。他们不尊重你的人际关系，也会把你带坏。最后一点，要用心维护人际关系，这方面的事要亲力亲为。比如，圣诞贺卡上加上些个性化的内容，自己亲自送出去。如果非要助手替你完成联络性的工作，一定要记得发一条感谢的短信。

垂直人际关系网

女性倾向于构建横向的人际关系。这类关系由职位相近的人组成，彼此交流经验、相互扶持，对当前形势有利。当你想在职业生涯中向前迈出一步时，横向人际关系的作用不大，你需要的是那些能够给你提供新职位，或者是那些影响力大、能够扶持你的人。

因此，与那些身居高位的老上司、老同事保持联系很有必要，尤其是他们已经跳槽到别处的情况下。抓住机会，与他们自然地建立关系。再强调一下：要在建立人际关系上有所投入，看看自己能为他人做些什么，再找工作的时候就能利用这些好人缘了。

练习：垂直人际关系网

1. 你认识多少马上能给你安排新职位的人呢？

   a.

   b.

   c.

   d.

2. 你认识多少能够扶持你的重要人物？

   a.

   b.

   c.

   d.

如果你对上述问题几乎没有答案，那就应该立刻着手建立垂直人际关系网了。

凯西在一家航空公司担任市场总监。但这家公司突然被一家更强大的竞争对手收购了，凯西的部门被重组到另一个国家的新总部里。凯西原先的职位也没有了，她要重新找工作。她决定先休假一段时间，之后再开始求职。休假的第二天，凯西就接到了老上司的电话，这个老上司近些年一直在别处经营一家运输公司。他们之间还保持着联系。老上司听说凯西在找工作，就表示出想在她旅行结束后尽快安排一次会面的意愿。

三天后凯西又接到一个类似的电话。这次是一位前监事会成员，想把凯茜介绍给他担任董事的那家公司。两周后，凯西高高兴兴地回家了。她的日程表上有很多试探性的面试，都是通过她的垂直人际关系网安排的。不到三个月，她就找到了一份称心的新工作。

网上存在

建立一份清晰的在线档案非常重要，这份档案不仅在你的社交圈能看到，圈子外的所有人都可以看到。如果外界不知道你的成绩，那么他们在寻找此类人才时就不会联系你，所以确保你在网上是有存在感的。重要的不是你在网上出现的频率，而是质量。领英网站（LinkedIn）上挂一长串个人资料没有什么用，列一长串的技能也没用。你是谁、有什么成就都必须一目了然。人们要看到你的名声，而不是一页接着一页无聊的简历。排在第一位的必须是主要的工作，而不是你最近当过什么志愿者。领英网站会自动将你最新添加的内容置顶，但也允许调整次序。个人资料中别放休闲照，要配上一张证件照。

领英网站提供了建立大型虚拟关系网的可能性。但是也要认识到这类关系网的局限性：成员之间几乎没有互惠关系，也少有实质性的联系。所以，你还是要依靠现实世界。领英网站只是提供了这样一个平台，使你可以发布与工作相关的重要信息，定期更新、分享你的成果。现在，越来越多的公司在领英网站上发布招聘启事，而且往往都是高层职位。你可以通过这个平台寻找合适的职位，或是建立垂直的人际关系。向别人发出邀请非常容易，但是若想巩固垂直的人际关系，现实世界的互动往来仍是关键。

发推特（Twitter）是另一种截然不同的途径。发布信息前，你要考虑清楚写什么。要写私事吗？还是写工作的事？或者是两者兼有？许多职场人士用推特来展示自己的工作。在这种情况下，推特能提高你的知名度，但是你必须尽量避免发工作之外的内容。千万不要写时事评论，尤其是关于政治的，这类推特与你的工作毫无关系。表达个人观点，尤其是极端的观点，会让未来的雇主针对你，甚至影响你现在的老板。但是如果你的推特内容既吸引人又能不断更新，对你的职业发展也有帮助。

最后一点，必须意识到你在线上所做的一切都可能让未来的雇主看到。因此，当你在脸书（Facebook）上分享私事时，应该注意保护隐私，一定要关闭“对所有人可见”功能。要让你在脸书上的好友知道你不喜欢他们评论你的私人生活。同样，也不要在脸书照片墙（Instagram）上发布你的私人照片。虽然未来的雇主不会干涉你的业余生活，但是这绝对会在他们脑海里造成特定的形象，也会有意无意地影响他们决定是否聘用你。

利用猎头

寻找理想工作的时候，需要线上线下同步进行。尽管如今很多企业已经从根本上转变了招聘方式，但是猎头们依然发挥着作用。当你下定决心换新工作的时候，就可以开始和猎头们安排会面了。最好利用你现在的工作机会提前了解这些猎头。理想的情况是，如果你手上有一个空缺职位，就邀请四五位猎头一起商量一下。利用这些会面机会你可以向他们介绍你的企业角色、工作方式及成功案例。幸运的话会有猎头为你提供优秀的候选人。要是不太容易操作，就申请加入企业的招聘委员会，让猎头寻找合适的人选。那样猎头自然而然就认识你了，这对你的职场未来是非常重要的。

过去，大多数高管职位的资源都掌握在猎头手里。现在，企业在招聘方面的自主性越来越强，甚至高管的职位也是如此。他们更倾向在领英上发布招聘信息，通过互联网或者他们自己的关系圈寻找合适人选。正因为如此，要想让未来的雇主在茫茫人才市场中看到你，垂直人际关系网和清晰的网上个人资料就显得更加重要了。

企业在要把你挖过去的时候常常会讨好你。一开始，他们会吹捧你是不二人选，一旦你参加了正式面试，要小心落入陷阱。这个阶段要是还以为对方会劝说你接受这份工作，就大错特错了。此时此刻，你必须彻底转变心态，主动说服未来雇主相信你面试这份工作的理由，进而相信这份工作非你莫属。

最后一点，你必须意识到现在的位置越高，合适的工作机会就会越少。这和职业生涯刚刚起步的阶段截然不同。在金字塔的底端，可选择的余地非常大；而当你到达金字塔的顶端时，可选择的余地就非常小了。每跨出一步都十分艰难，正常情况下，可能要花上一年至一年半的时间才能找到理想的工作。

整理简历

不管怎样与未来雇主建立联系，一份好简历是必不可少的。简历必须及时更新、清楚简练。不能等到要找新工作了才开始准备简历，那就晚了。成功事迹是对你职业身份的最好证明，要养成每年两次更新简历的习惯。毕竟，简历作为一个人成就的总结，新成果才是最重要的。如果你还在费力回忆几年前的成绩，挖空心思去描述这些成绩，那么可以肯定的是，另一位求职者早已把她的简历发给了你看上的雇主。

首先，个人简历要直观地体现出你的能力，让人产生足够的好奇心认真地读完。在简历的开头，简明扼要地描述一下你的专业地位、主要成就以及能力储备。这些内容不要列成清单附在简历结尾，要表达清晰，具有吸引力。简历应该围绕你的独特之处和过人之处展开，之前提到的树立声誉练习对于撰写简历非常有用。其次，要仔细分析一下你当前的职位，区分并梳理以往工作中所承担的职责和取得的成果。但是，越是久远的事，描述得就越要简洁，20 年前第一份工作的成绩已经没有意义了。最后，简历格式一定要清晰简洁。一份精心编辑的简历应该重点强调你曾承担过的职责。

第 18 章

迈向成功

绽放

the
50/50
method

女性在工作中遇到挑战时常说“要保重啊”，这句话是男人们参加葬礼时才说的。“要保重啊”意味着面临的挑战难度较大，必须小心应对，而且就算挑战成功了过程也是枯燥无趣的。这种态度让你在工作完成后没有成就感，无法庆祝，也不愿接受下一个挑战。想要获得成就感，就要避免和同事、朋友说“要保重啊”这种丧气话了，大家应该相互鼓励，预祝对方成功。

坚持使用对半法

坚持使用对半法则，成功之路会更加平坦。别再做“乖乖女”了。为企业工作的同时，一定要同样为自己努力，因为个人的职业发展和工作业绩具有同等的重要性。记住，这个过程是双向的：只有你同时为实现企业工作和个人职业两个目标努力，才能更加投入和享受工作的过程；同时，企业也有了一名更加积极敬业的员工。假设你的个人计划中有扩充金融知识的打算，于是报名了一门金融管理的课程，随后在工作中你也会被要求解决更复杂重要的财务问题了。图 18–1 展示了这种工作方法的逻辑。

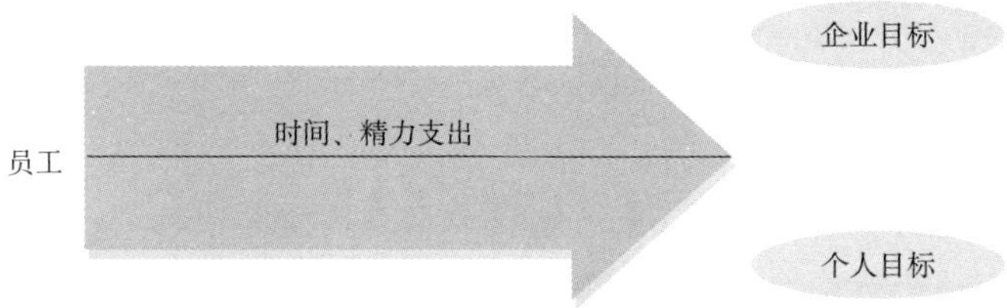

图 18–1 平衡

确保你的精力能同时照顾到短期目标和长期目标。短期目标是你的团队前进的动力，帮助你得到上司的支持，实现未来的可预见性；长期目标则决定了你职业生涯的发展。假设，你负责一种突破性的抗癌药物的研发。这是一件大事，因为此类药品通常需要 12 年左右研制才能投入临床应用。研制成功当然是一种巨大的成功，而这样的成功离不开 12 年间一个又一个的里程碑式节点的叠加。比如，第一次小白鼠试验的成功，第一次小规模病人药物观察试验的成功，第一次得到融资的成功，等等。这些短期成果照亮了你的成功之路。

运用对半法工作的过程中，清晰的长期目标可以帮助你回答“朝哪里走”和“为什么要这样做”的问题。图 18–2 清楚地说明了这一点。还是继续之前研制抗癌药的例子：假设你不仅想做药物研究，而且随着研究的展开，你还想参与制药公司的管理，这种情况下，重要的是你要亲自向投资方展示第一批临床试验的成果。如果你的成果对投资方有足够的吸引力，那么你就证明了自己能在公司中扮演更多角色。

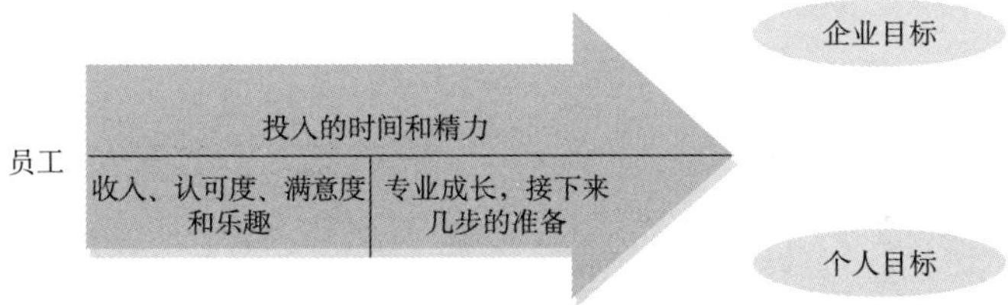

图 18–2　制订个人计划

简而言之，只要你始终明确自己的目标，或者至少始终兼顾着自己的利益，就能更快实现成功。应该经常考虑一下为企业付出的与为自己付出的之间是否达到了平衡，这种平衡中包含时间、精力，甚至是向外推广的成功经验。除了达到平衡，所有这些付出还必须为你的职业发展起到作用。关于未来，可能是一帆风顺，可能会有狂风暴雨，还可能需要你敢于成为“第一个吃螃蟹”的人。

世界是你的

好在你不是唯一一个放眼未来的人。成功女性的人才市场一直在不断变化，这是令人欣喜的变化。当然，现在位居管理层顶端的女性还是少数，但是形势开始好转，那些缺少女性高管的企业已经落伍了。一项针对美国500强企业的研究表明，有女性参与的执行董事会的企业业绩表现更好，同时由女性掌管的投资基金会运营状况也更好。麦肯锡公司（McKinsey）认为，女性领导者还在维护企业健康运行方面发挥着作用。越来越多的企业正加大投入，扶持女性进入企业高层。女性领导者的数量增长虽然缓慢，但的确显著。

世界是属于你的，过去是，现在更是。虽然到处都是挑战和障碍，但是坐等机会从天而降没有任何帮助，要想成功，就要把未来牢牢地握在自己手中。着手开始计划吧！创造机遇，抓住机遇，然后享受成功的果实。热烈地庆祝吧！让更多人看到你的成功！祝愿你一路走向辉煌！

参考文献

1. G. Allison, Ph. Zelikow, *essence of Decision. Explaining the bane Missile Crisis',* New York, 1999

2. L. Babcock, S. Laschever, *'Why women don't ask'*, London, 2008

3. J. Barsh, S. Cranston, *'How remarkable women lead'*, New York, 2009

4. J. Barsh, L. Yee, *'Unlocking the full potential of women in the US economy'*, New York, 2001

5. J. Birkinshaw, J. Cohen, *'Make time for the Work That Matters'* in *Harvard Business Review*, Boston, september 2013

6. G. B. Bradt, J. A. Check, J. E. Pedraza, *'The new leader's 100-day action plan'*, Hoboken, 2009

7. P. Bregman, *'18 Minutes'*, New York, 2011

8. M. Brzezinski, *'Knowing your value'*, New York, 2011

9. M. Bührs, E. de Groot, *'Stratego voor vrouwen'*, Den Haag, 2007

10. Catalyst, *'The bottom line: corporate performance and women's representation on boars (2004-2008)',* New York, 2011

11. S. R. Covey, *'The 8th Habit'*, London, 2004

12. K. Dillon, *'Office Politics'*, Boston, 2013

13. N. Disesa, *'Seducing the boys club'*, New York, 2008

14. J. W. Doig, E. C. Hargrove, *'Leadership and Innovation'*,

Baltimore, 1990

15. S. Doyle-Morris, *'Beyond the boys club'*, London, 2009

16. P. Drucker, *'Managing Oneself'*, Boston, 2008

17. P. Drucker, *'The Effective Executive'*, Oxford, 2007

18. A. H. Eagly, L. L. Carli, *'Through the Labyrinth'*, Boston, 2007

19. G. Evans, *'Play like a man, win like a woman'*, New York, 2000

20. H. van Eyck van Heslinga, S. van der Raad, *'Dividend van Diversiteit'*, Amsterdam, 2008

21. C. Fiorina, *'Tough Choices'*, London/Boston, 2006

22. C. V. Flett, *'What men don't tell women about business'*, Hoboken, 2008

23. L. P. Frankel, *'Nice girls don't get the corner office'*, New York, 2004

24. L. P. Frankel, *'See Jane Lead'*, New York, 2007

25. J. J. Gabarro, J. P. Kotter, *'Managing Your Boss'* in: *'Harvard Business Review on Managing Your Career'*, Boston, 2002

26. J. Gerzema,M. D'Antonio, *'The Athena doctrine'*, San Francisco 2013

27. M. Goldsmith, *'What Got You Here, Won't Get You There'*, London, 2008

28. H. Grant Halvorson, *'Succeed, how we can reach our goals'*, New York, 2010

29. Grant Thornton, *'Women in senior management: setting the stage for growth'*, London,2013

30. B. A. Heggie, *'Learning To Say No'*, in *bettyannheggie. com*,

Saskatoon, 2013

31. B. A. Heggie, *'When Women Take Risks in Business'* in *Huffingtonpost*, Canada 2015

32. S. A. Hewlett, C. Buck Luce, *'Off-Ramps and On-Ramps: Keeping Talented Women on the Road to Success'* in: *Harvard Business Review on Women in Business*, Boston, 2005

33. L. Hill, *'Becoming the Boss'* in: *Harvard Business Review on Developing High-Potential Leaders*, Boston 2009

34. L. Hill, K. Lineback, *'Being the Boss'; the 3 imperatives for becoming a great leader'*, Boston, 2011

35. C. Hymowitz, C. Dakrat, *'Best-Paid Women in S&P 500 Settle for Less renumeration'* in *Bloomberg. com*, New York, 2013

36. H. Ibarra, *'Working Identity'*, Boston, 2003

37. W. Isaacson, *'Steve Jobs'*, London, 2011

38. B. Kellerman, D. L. Rhode, *'Women & leadership'*, San Francisco, 2007

39. B. Kellerman, *'The End of Leadership'*, New York, 2012

40. N. O. Keohane, *'Thinking about leadership'*, Princeton, 2010

41. J. P. Kotter, *'Leading Change'*, Boston 1996

42. J. P. Kotter, *'On What Leaders Really Do'*, Boston, 1999

43. P. Lencioni, *'The five dysfunctions of a team'*, San Francisco, 2002

44. H. Mcgregor, *'Sharpen your heels'*, New York, 2012

45. D. M. Messick, R. M. Kraner, *'The Psychology of Leadership'*, London, 2005

46. A. Mikes, M. Hall, Y. Millo, *'How Experts Gain Influence'* in

Harvard Business Review, Boston, July-August 2013

47. R. Moss Kanter, *'On the Frontiers of Management'*, Boston, 1997

48. N. Oosterloo, *'Twitter jezelf naar een baan'*, Delft 2011-2012

49. D. H. Pink, *'To sell is human',* New York 2012

50. PWN Amsterdam, *'Women and Money Report 2014'*, Amsterdam, 2014

51. R. Rigby, *'The Careerist. Over 100 ways to get ahead at work',* London 2012

52. J. Rosener, *'Ways Women Lead'* in: Harvard Business Review on Women in Business, Boston, 2005

53. S. Rutherford, *'Women's Work, Men's Cultures'*, Basingstoke, 2011

54. S. Sandberg, *'Lean in; women, work and the will to lead'*, New York, 2013

55. G. R. Shell, M. Moussa, *'The Art of Woo'*, New York, 2007

56. C. Shipman, K. Kay, *'Womenomics'*, New York, 2009

57. P. J. H. Shoemaker, S. Krupp, S. Howland, *'Strategic Leadership: The Essential Skills'* in *Harvard Business Review,* Boston, January-February 2013

58. D. Tannen, *'Talking from 9 to 5'*, London, 1994

59. P. Thomson, J. Graham, *'A woman's place is in the boardroom'*, New York, 2008

60. M. Visser, *'De zijderoute naar de top'*, Amsterdam, 2009

61. M. Wagenaar, *'Het einde van de buitenspelcultuur'*, Amsterdam, 2005

62. M. Wagenaar, *'Over inclusief en exclusief leiderschap'* in: P. Bootsma, B. Van den Braak,

63. L. Verhey, *'Kringen in de Hofvijver'*, Maastricht, 2012

64. M. Watkins, *'The first 90 days'*, Boston, 2003

65. S. Welch, *'10-10-10, Een levensveranderende formule'*, Utrecht, 2009

66. A. Wittenberg-Cox, A. Maitland, *'Why women mean business'*, San Francisco, 2008